IMPATIENCE...
Je Suis Patience

Un guide essentiel pour remplacer l'impatience par la patience et le succès créatif

San Gates

© 2022 San Gates

Tous droits réservés. Aucune partie de ce document ne peut être reproduite sous quelque forme que ce soit sans l'autorisation de l'éditeur, à moins qu'il ne s'agisse d'un droit d'auteur.

CLAUSE DE NON-RESPONSABILITÉ

Les informations contenues dans ce livre sont mon interprétation des recherches que j'ai effectuées et mon interprétation uniquement. J'encourage le lecteur à faire ses propres recherches. Si vous êtes inspiré par quelque chose que vous lisez, faites des recherches plus approfondies et consultez un professionnel.

Tous les conseils et suggestions ont pour but d'informer le lecteur et de l'inciter à approfondir ses connaissances et à adopter un mode de vie naturel. Je ne suis pas une consultante ni une professionnelle de la recherche.

Veuillez consulter un conseiller juridique avant d'apporter des changements à votre vie, en particulier si vous avez un diagnostic ou une maladie spécifique.

TABLE DES MATIÈRES

CLAUSE DE NON-RESPONSABILITÉ 3
INTRODUCTION 6
LE CONCEPT D'IMPATIENCE 10
LES RAISONS DE VOTRE IMPATIENCE 18
LES EFFETS SECONDAIRES DE L'IMPATIENCE 20
GÉRER LES SYMPTÔMES 22

GÉRER L'IMPATIENCE 24
QUE FAIRE LORSQUE QUELQU'UN EST IMPATIENT 30

PATIENCE ET IMPATIENCE – LEQUEL EST LE PLUS IMPORTANT POUR VOTRE ENTREPRISE ? 33
Voici quelques conseils qui peuvent vous aider 37

IMPATIENCE : JE SUIS PATIENCE 41
LA CRÉATIVITÉ EST LA CLÉ 46
LE SUCCÈS CRÉATIF : DÉFINIR VOTRE VISION PERSONNELLE DE VOTRE VIE CRÉATIVE 54
CRÉATIVITÉ, SUCCÈS ET TRAVAIL 58
SE RETROUVER DANS UN ARBRE – STRATÉGIES POUR UN SUCCÈS CRÉATIF 61
CHOISISSEZ UN ARBRE (VOTRE OBJECTIF) QUI RÉSISTERA À LA TEMPÊTE. 63

LE MOTEUR CLÉ DU SUCCÈS CRÉATIF 70
VAINCRE LA PEUR POUR FAIRE PREUVE DE CRÉATIVITÉ 73
DIX OBSTACLES À LA CRÉATION 76
LIBÉREZ LE POUVOIR DE L'INTUITION 83

VIES RÉUSSIES, PERSPECTIVES RÉUSSIES... 86
LES SECRETS DE LA RÉUSSITE – LE SUCCÈS EST SIMPLE : FAIRE CE QU'IL FAUT, DE LA BONNE MANIÈRE, AU BON MOMENT 94
QU'EST-CE QUE LA RÉUSSITE ?... 94
LE SUCCÈS – POURQUOI VOUS LE 96
MÉRITEZ.. 96
POURQUOI NE L'AVEZ-VOUS PAS ? 97
LES CLÉS DU SUCCÈS 99

UN ÉTAT D'ESPRIT POSITIF EST LA CLÉ DU SUCCÈS 114
L'IMPORTANCE D'UN ÉTAT D'ESPRIT POSITIF 118
Pourquoi avoir un état d'esprit positif est important pour atteindre vos objectifs 121

CONSEILS POUR DÉVELOPPER UN ÉTAT D'ESPRIT POSITIF..................... 123
SECRETS D'UN ÉTAT D'ESPRIT DE GAGNANT 132
CONSEILS POUR AVOIR UN ÉTAT D'ESPRIT DE GAGNANT 133

CONCLUSION.. 135

INTRODUCTION

La patience vous libère de votre conflit avec le temps, avec la réalité, avec la vie. Vous cessez de vous dire que les choses doivent se produire plus rapidement qu'elles ne le font, que le rythme actuel du changement est inadéquat, et vous réalisez que votre vie n'a pas vraiment besoin de se dérouler plus rapidement. Ce moment vous offre l'occasion de profiter de votre vie, ici et maintenant.

Avec la patience, vous découvrez qu'aucune condition dans la vie ne vous offre une plus grande possibilité de bonheur, d'épanouissement et un véritable sentiment de réussite que le moment présent. Vous perdez votre impatience de voir les choses changer parce que vous réalisez que rien n'a jamais vraiment changé. Seule la forme change, pas l'essence. Votre capacité à faire l'expérience de l'épanouissement est égale à votre capacité à vivre pleinement dans le moment présent, sans résister ni repousser ce qui est.

La patience vous permet de vous sentir en harmonie avec votre intérieur. L'harmonie intérieure vous permet de recevoir des perspectives constructives qui inspirent la foi, car vos sentiments attirent vos pensées. Lorsque vous vous sentez anxieux, vous ne pouvez avoir que des pensées qui renforcent votre anxiété.

Lorsque vous vous sentez impatient, vous ne pouvez avoir que des pensées qui renforcent votre sentiment d'impatience. Ainsi, lorsque vous ressentez la moindre trace d'impatience, essayez de ne pas penser. Concentrez votre attention sur le moment présent au lieu de penser au passé ou à l'avenir. Ou regardez simplement vos pensées comme des films exprimant l'humeur qui les attire, plutôt que comme de véritables représentations de la réalité. Essayez de ne pas chercher à comprendre quoi que ce soit lorsque vous vous sentez impatient, car tout ce que vous pourrez trouver, ce sont des raisons supplémentaires de vous sentir coincé.

Permettez à l'état harmonieux et équilibré de la patience d'être votre fondement sûr pour la pensée, la parole et l'action. Faites de l'état patient de paix intérieure votre priorité, car ce n'est qu'à partir de cet état que vous pouvez penser, parler et agir de manière aimable, saine et constructive.

La patience vous libère du sentiment de désespoir que l'impatience instille. Sous le charme de l'impatience, vous pensez que les choses doivent changer plus rapidement pour vous soulager de votre désespoir. Mais plus vous vivez dans l'impatience, plus vous vous sentez désespéré. Votre désespoir disparaît lorsque vous passez de l'impatience à la patience.

La patience vous permet de fonctionner avec une profonde compassion, une véritable confiance et votre plus haut degré de compétence, et l'influence de celle-ci déteint sur les autres – y compris vos enfants –, les aidant à fonctionner avec une grâce similaire.

Peu de choses sont plus ennuyeuses que d'avoir affaire à une personne impatiente. Les enfants impatients rendent leurs parents fous tous les jours. Cependant, dans la mesure où votre enfant semble impatient, il reflète probablement votre propre état, puisque nous dirigeons les enfants par notre exemple. Le parent impatient crée le modèle de l'impatience chez l'enfant. Pour aider votre enfant à fonctionner plus patiemment, prêtez une plus grande attention à vos propres sentiments tout au long de la journée, soyez à l'affût de toute trace d'impatience en vous. Fournissez un effort particulier pour pratiquer la patience en réponse à l'impatience d'autrui ! Se plaindre à votre enfant de son impatience ne l'aidera en rien à devenir plus patient, car se plaindre exprime généralement l'impatience.

La patience est censée être une vertu. Nous sommes censés être patients. Et pourtant, en tant que société, nous sommes en proie à l'impatience. Nous sommes debout devant le micro-ondes, à pianoter sur le comptoir. Attendre 90 secondes pour notre nourriture est trop long. Les programmes télévisés commencent à s'adresser à des personnes qui ont la capacité d'attention d'un poisson rouge. Nous nous mettons en colère lorsque nous devons faire la queue, et le fait d'être bloqué dans un embouteillage peut provoquer une colère si intense et si courante que nous avons inventé un nouveau terme (rage au volant) pour la décrire. Nous ne sommes pas un peuple patient, dans l'ensemble. Mais pourquoi ? Sommes-nous tout simplement incapables d'être patients, ou y a-t-il autre chose ?

San Gates

LE CONCEPT D'IMPATIENCE

La patience est la foi dans le temps que prend une chose. La patience est la foi dans le fait de vivre le moment présent, sans pousser ou forcer quelque chose à se produire. La patience, c'est accepter les choses telles qu'elles sont, mais cela nécessite quelques éclaircissements.

Les choses ne sont pas telles que vous les pensez. Les gens ne sont pas ceux que vous pensez qu'ils sont. Vous n'êtes pas celui ou celle que vous pensez être. Votre enfant n'est pas celui que vous pensez qu'il est.

Vos pensées vous donnent une représentation de la réalité, comme des photos. Votre enfant n'est pas la photo de votre enfant. Votre vie n'est pas la photo d'une scène de votre vie. Vous n'êtes pas votre photo. Cela va sans dire. Pourtant, nous ne vivons pas ainsi jusqu'à ce que nous fassions l'expérience d'un niveau d'éveil des plus significatifs.

Vos réactions émotionnelles se produisent en réaction à vos représentations mentales de la réalité. Lorsque vous vous sentez en colère ou impatient envers votre enfant ou votre compagnon, c'est en réponse à quelque chose que vous pensez ou imaginez à propos de votre enfant ou de votre compagnon. Lorsque vous vous sentez impatient face à n'importe quelle situation dans votre vie, c'est une réaction en réponse à quelque chose que vous pensez ou imaginez à propos de cette situation.

Fondamentalement, une réaction d'impatience exprime une croyance sur la réalité. C'est donc votre croyance qui cause votre impatience, et non votre enfant, votre compagnon ou votre vie. Lorsque vous vous sentez stressé par le temps que prend quelque chose ou quelqu'un, c'est votre croyance qui vous fait ressentir cela.

Croire est une activité. C'est quelque chose que vous faites quand vous le faites. Vous vous croyez dans l'impatience. Donc la question est « Est-ce que l'impatience paie ? » Quel est son impact sur vous ? Puisqu'il s'agit d'une condition que vous vous donnez à vous-même, il n'est pas logique de vous la donner à moins que cela ne s'avère constructif.

Le fait est que l'impatience vous blesse physiquement. Le stress de l'anxiété nuit à votre organisme physique. Si vous avez un problème de santé et que vous éprouvez beaucoup d'impatience, votre problème de santé s'aggrave. Si vous êtes au sommet de votre forme, les sentiments d'impatience causeront ou contribueront à la détérioration de votre santé.

L'impatience vous fait également du tort sur le plan émotionnel. L'impatience ne peut pas durer longtemps avant que la frustration qu'elle engendre ne vous mette de plus en plus en colère et ne vous déprime. L'impatience entraîne également une baisse de l'estime de soi, car votre incapacité à faire bouger les choses plus rapidement vous donne un sentiment d'inadéquation.

L'impatience nuit à vos relations, car elle vous rend coléreux, irritable et insensible aux sentiments des autres. Elle bloque votre capacité à faire preuve de compassion envers les autres. Cela les amène à s'éloigner de vous, à ressentir le besoin de se venger et à se rebeller contre vous.

L'impatience blesse également ceux à qui vous exposez vos sentiments et votre attitude impatiente. Si vous passez beaucoup de temps avec une personne qui exprime beaucoup d'impatience à votre égard, il est fort probable que vous manquiez de confiance en vous, ce qui abaisse votre niveau de compétence. De plus, comme nos sentiments rayonnent sur ceux qui nous entourent, qui absorbent alors une partie de ce que nous ressentons, votre impatience amène ceux qui vous entourent à ressentir de l'impatience, dont le stress leur impose le même impact négatif que celui qu'il a sur vous.

Nous avons donc établi jusqu'à présent quatre faits importants concernant l'impatience. Premièrement, vous vous causez vous-même de l'impatience ; plus précisément, les croyances que vous acceptez vous causent de l'impatience. Deuxièmement, votre impatience a un impact destructeur sur vous. Troisièmement, votre impatience a un impact destructeur sur vos relations. Quatrièmement, votre impatience a un impact destructeur sur les personnes envers lesquelles et autour desquelles vous vous sentez impatient.

Les parents impatients sapent donc la capacité de leurs enfants à ressentir et à fonctionner aussi bien que possible. En d'autres termes, l'impatience d'un parent ralentit son enfant ! L'impatience ralentit tous les processus, car elle abaisse votre niveau de fonctionnement, et votre niveau de fonctionnement produit vos résultats. Plus votre niveau de fonctionnement est bas, plus il vous faut du temps pour atteindre le niveau de résultat le plus élevé possible.

Vous aggravez toute situation ou relation dans laquelle vous vous sentez impatient. Pour produire le plus rapidement possible le plus haut niveau de résultats dans n'importe quel domaine, libérez-vous de votre impatience au plus vite. Remplacez-la par une concentration calme et claire de votre attention sur le moment présent. La patience, qui consiste à relâcher votre lutte contre le temps, vous procure l'espace intérieur nécessaire pour y parvenir.

Mais tant que vous pensez que votre impatience est due au rythme de l'action de votre enfant ou au rythme auquel la vie vous livre vos objectifs, la patience vous échappe. Tant que vous croirez que ressentir de l'impatience de façon routinière est utile, nécessaire ou responsable, vous ne la laisserez pas partir. Un autre obstacle pour se libérer de l'impatience est l'inconscience de sa présence. Vous pouvez être tellement occupé, tellement absorbé par votre vie ou vos pensées sur votre vie que vous ne vous rendez même pas compte de votre impatience. Abordons donc chacun de ces obstacles et voyons comment les surmonter.

Nous avons déjà abordé le premier obstacle en précisant que vous vous causez de l'impatience en vous accrochant à la croyance que quelque chose doit se produire plus rapidement que ce n'est le cas. Vous pensez que votre enfant devrait aller plus vite et vous vous sentez impatient face à son rythme. Vous croyez que votre compagnon devrait déjà vous comprendre et vous vous impatientez avec lui lorsqu'il ne semble pas saisir ce que vous attendez de lui. Vous croyez que votre situation financière devrait s'améliorer plus rapidement qu'elle ne le fait déjà et vous vous sentez impatient face à cela. Dans tous ces cas, vous provoquez vous-même votre impatience en croyant que vos circonstances devraient se transformer plus rapidement qu'elles ne semblent le faire.

Certains d'entre nous ne sont pas prêts à abandonner les croyances qui nous font ressentir de l'impatience. Nous croyons que nous devons être impatients, qu'il n'y a pas d'autre façon responsable d'être. Mais nous avons également abordé cet obstacle en soulignant à quel point l'impatience est contre-productive. L'impatience nuit à votre santé et à celle de ceux à qui vous l'exposez, en particulier vos enfants, en raison de leur sensibilité et de leur tendresse accrues. L'impatience vous amène à fonctionner à un niveau inférieur, ce qui vous empêche d'obtenir les meilleurs résultats aussi rapidement que vous le pourriez autrement.

À un moment donné, vous devez choisir entre vos convictions et votre bien-être. Concentrez votre attention sur ce que vous ressentez au moment présent. Dès que l'impatience s'installe, réalisez que c'est vous qui vous infligez cela, que c'est vous qui vous faites ressentir ainsi, que vous privez ce moment de la joie que vous pourriez y ressentir.

Patience est synonyme de joie. La patience signifie que vous ne vous imposez aucune pression pour fonctionner plus rapidement que vous ne le pouvez dans un état paisible et harmonieux. La patience vous permet de ressentir la joie de vivre dans le moment présent. Elle libère votre cœur pour qu'il s'ouvre avec compassion. Elle vous permet de fonctionner de manière saine et libère les autres de l'impact négatif de votre impatience. La patience est vraiment le fondement d'une relation saine.

Lorsque vous vous sentez impatient envers une autre personne, votre relation avec cette personne dérive vers une zone malsaine. Cela n'a rien à voir avec ce que fait l'autre personne. Cela a tout à voir avec la façon dont vous gérez ce que fait cette personne. L'impatience est une habitude destructive négative, et vous pouvez vous en libérer, pour autant que vous soyez prêt à faire preuve de patience.

La clé pour surmonter l'impatience est de la surmonter patiemment. Chaque fois que vous vous sentez impatient, ne luttez pas contre ce sentiment. Permettez-lui simplement d'être là. Essayez d'éviter de rejeter la responsabilité de votre sentiment sur votre situation ou sur une autre personne. Lorsque vous vous sentez impatient envers votre enfant, essayez de ne pas le rendre responsable de ce sentiment. Si vous ressentez du ressentiment pour votre réaction impatiente, observez patiemment ce sentiment. Regardez simplement votre sentiment. Soyez patient avec lui. N'essayez pas de prendre le contrôle de la situation ou de vous débarrasser de ce sentiment. Laissez-le simplement être là et détendez-vous en sa présence, en quelque sorte.

De cette façon, en étant patiemment conscient de votre sentiment d'impatience, vous passez à la patience. Au fur et à mesure que votre état d'impatience s'adoucira ou s'affaiblira grâce à cette pratique, ce qu'il fera, vous découvrirez votre capacité à vous libérer de l'impatience de manière naturelle et non forcée. Vous découvrirez que vous pouvez détendre votre corps, abandonner l'idée que vous avez besoin que vous-même, votre situation, votre enfant, votre compagnon vous dépêchiez, et simplement être présent sans pression dans le moment présent.

Une pratique cruciale pour que la patience s'étende dans votre vie est celle qui consiste à être conscient de ce que vous ressentez au moment présent. Pour cela, vous devez diriger une partie de votre attention sur l'état actuel de vos sentiments. Souvent, nous avons l'habitude d'ignorer nos sentiments, ce qui exige une certaine discipline pour les développer. Remarquez comment vous vous sentez en ce moment. Remarquez-vous une trace d'impatience en vous ? Plus vite vous remarquerez ce que vous ressentez, plus vite vous pourrez faire les ajustements nécessaires pour vous sentir au moins un peu mieux.

Entrer dans la patience signifie sortir des contraintes du temps. Vous vivez librement avec votre attention concentrée sur votre expérience présente, et vous ressentez un sentiment de connexion profonde et harmonieuse avec le moment présent, avec la vie. La patience est véritablement source de vie, car la joie de vivre qu'elle vous procure vous nourrit physiquement – elle est bonne pour vous.

Lorsque vous vous sentez patient face aux progrès de votre enfant, vous protégez la confiance en soi et l'estime de soi de votre enfant. Cela se traduit par un soutien au développement des compétences de votre enfant. L'enfant qui se sent sûr de lui fonctionne à un niveau plus élevé que celui qui n'a pas confiance en lui, car la nervosité engendre les erreurs et l'ineptie. Pourtant, sous l'emprise de l'impatience, nous réagissons à l'égard de notre enfant d'une manière qui ne peut que le rendre plus nerveux, car nous nous sentons très nerveux sous l'emprise de l'impatience.

LES RAISONS DE VOTRE IMPATIENCE

L'impatience est définie comme un manque de patience, mais elle peut être plus que cela lorsqu'il s'agit de traiter avec les gens et d'accomplir les choses qui doivent être faites. L'impatience est comme un visiteur inattendu dans le sens où elle se manifeste à des moments inattendus. Voici quelques raisons fondamentales pour lesquelles nous pouvons parfois être impatients.

Manque de communication

Cela peut être aussi simple que de rentrer à la maison en s'attendant à ce que le dîner soit prêt et que l'autre personne vous dise qu'elle pensait que vous alliez aller chercher quelque chose en chemin et le ramener pour le dîner. En d'autres termes, il y a un manque de communication. Cela peut aller de la commande d'un article à l'attente de la livraison, en passant par l'attente des résultats d'une visite chez le médecin.

Manque de compréhension

Cela ne veut pas dire que nous sommes stupides, mais simplement que parfois nous ne comprenons pas pourquoi certaines choses prennent autant de temps. Dans certaines situations, les gens ne sont tout simplement pas informés de la raison d'un retard, ce qui engendre de la frustration et un manque de patience. Certains systèmes automatisés ont commencé à donner une estimation du temps d'attente ou à émettre des messages à intervalles de 30 à 60 secondes pour rappeler aux gens que quelqu'un va bientôt prendre leur appel. Parfois, le fait de donner une estimation réaliste du temps d'attente ou de donner une raison du retard peut aider dans certaines situations.

Attentes irréalistes
Dans le monde actuel, où tout va très vite, nous nous attendons souvent à ce que les choses soient faites rapidement. S'attendre à rentrer du travail à la même heure tous les jours ou s'attendre à ce que votre enfant fasse quelque chose le plus rapidement possible n'est pas réaliste, mais s'attendre à ce que tout soit fait à votre rythme vous expose à une crise d'impatience.

Le manque de contrôle
Une des raisons courantes de l'impatience est le manque de contrôle. Il peut s'agir de la longueur de la file d'attente à la caisse ou du fait qu'il n'y ait qu'un seul guichet à la banque un vendredi de grande affluence. Nous vivons dans un monde à la demande. Si nous devons attendre, en raison de facteurs indépendants de notre volonté, cela entraîne généralement de l'impatience. Même les personnes calmes et d'humeur égale peuvent être susceptibles d'être frustrées par des choses sur lesquelles nous n'avons aucun contrôle dans notre vie quotidienne.

Manque de planification
Bien qu'il y ait quelque chose à dire sur les décisions prises sur l'impulsion du moment, ce sont exactement les situations qui peuvent conduire à l'impatience. Si vous ne supportez pas d'avoir à attendre quoi que ce soit, il est préférable de planifier un peu à l'avance. Il peut s'agir de vérifier les réservations pour le dîner, les bulletins météorologiques ou ceux de circulation.

LES EFFETS SECONDAIRES DE L'IMPATIENCE

Voici quelques effets secondaires que l'impatience peut provoquer.

Manque de satisfaction
La satisfaction n'est pas proportionnelle à l'impatience. Les gens semblent toujours préférer les raccourcis pour résoudre leurs problèmes, même s'ils sont insignifiants. Cela conduit souvent à un comportement impatient et finalement à des objectifs et des attentes déraisonnables. Lorsque ces objectifs échouent, l'anxiété augmente et cela devient un cercle vicieux.

Le gaspillage d'énergie
L'énergie qui pourrait être utilisée de manière plus constructive est dépensée inutilement.

Ruine les relations
L'impatience a le potentiel de ruiner les relations que l'on entretient avec ses amis, sa famille ou toute autre personne. Les gens ont tendance à éviter les personnes impatientes parce qu'ils ont peur d'éprouver des sentiments négatifs en ayant affaire avec elles.

Effets physiologiques

L'impatience augmente la pression artérielle, entraîne la libération d'hormones liées au stress telles que l'adrénaline, le cortisol, etc., accroît le risque de maladie cardiaque et provoque de nombreux autres effets. La prise de poids, l'hyperglycémie et l'hypertension artérielle finissent par s'installer. Les hormones de stress provoquent une stimulation des plaquettes qui peuvent s'accumuler et obstruer les artères, augmentant ainsi le risque de crise cardiaque. Les hormones de stress provoquent également la libération des graisses des cellules adipeuses dans la circulation sanguine, ce qui entraîne également l'obstruction des artères.

Perte de motivation

Vous perdrez une motivation précieuse qui aurait pu vous aider à accomplir de nombreuses tâches utiles.

Incapacité de se prélasser dans la gloire des succès précédents : vous ne serez pas en mesure de réfléchir aux tâches que vous avez accomplies avec succès.

Affecte le bien-être mental d'une personne

Vous serez affecté par des troubles mentaux tels que l'anxiété, la dépression, etc.

GÉRER LES SYMPTÔMES

Lorsque vous vous sentez impatient, il est important de sortir de cet état d'esprit le plus rapidement possible. Essayez les stratégies suivantes :

- Pratiquez l'écoute active et l'écoute empathique. Assurez-vous d'accorder aux autres toute votre attention et planifiez patiemment votre réponse à ce qu'ils disent.

- Rappelez-vous que votre impatience fait rarement avancer les autres plus vite – en fait, elle peut interférer avec la capacité des autres à effectuer un travail complexe ou hautement qualifié. Vous ne faites que créer plus de stress, ce qui est totalement improductif.

- Essayez de vous débarrasser de votre état d'esprit impatient. Rappelez-vous qu'il est ridicule de réagir de la sorte. Souvent, les gens ne se soucient pas du retard d'une réunion, à condition que vous les préveniez à l'avance.

- Si votre impatience vous pousse à réagir avec colère envers les autres, utilisez des techniques de gestion de la colère pour vous calmer.

- Certaines personnes deviennent impatientes parce qu'elles sont perfectionnistes. Cependant, en plus de provoquer l'impatience, le perfectionnisme peut en fait ralentir la productivité et augmenter le stress.

- Prenez des respirations profondes et lentes, et comptez jusqu'à 10. Cela permet de ralentir votre rythme cardiaque, de détendre votre corps et de vous distancier émotionnellement de la situation. Si vous êtes vraiment impatient, vous devrez peut-être compter plus longtemps, ou le faire plusieurs fois.

- L'impatience peut vous amener à contracter vos muscles involontairement. Concentrez-vous donc consciemment sur la relaxation de votre corps. Encore une fois, respirez lentement et profondément. Détendez vos muscles, depuis vos orteils jusqu'au sommet de votre tête.

- Apprenez à gérer vos émotions. N'oubliez pas que vous avez le choix de la façon dont vous réagissez dans chaque situation. Vous pouvez choisir d'être patient ou de ne pas l'être : tout dépend de vous. Forcez-vous à ralentir. Obligez-vous à parler et à bouger plus lentement. Les autres auront l'impression que vous êtes calme – et, en « jouant » la patience, vous pouvez souvent vous « sentir » plus patient.

GÉRER L'IMPATIENCE

Vous sentez votre corps se tendre et vous vous énervez. Vous commencez à transpirer et, soudain, vous criez sur la personne pour sa lenteur et son retard. Vous pouvez voir qu'elle est blessée, mais vous ne pouvez rien y faire. Elle vous met en retard !

Cette situation vous est-elle familière ? Beaucoup d'entre nous sont parfois impatients. Perdre le contrôle de notre patience nous blesse, mais aussi ceux qui nous entourent. L'impatience augmente notre niveau de stress et peut même causer des dommages physiques à notre corps. L'impatience peut également nuire aux relations.

Dans cette section, nous allons examiner les stratégies que vous pouvez utiliser pour être plus patient.

Trouvez un passe-temps lent

Exercez vos muscles de patience avec des passe-temps qui donnent des résultats au fil du temps. Le tricot, la peinture, la sculpture et le bonsaï sont des moyens relativement peu coûteux d'explorer votre côté créatif et de développer votre patience et votre attention. En prime, en pratiquant ces activités, vous obtiendrez probablement l'un ou l'autre bel objet. Vous pourriez même créer un héritage familial en devenant plus patient.

Concentrez-vous sur ce que vous pouvez contrôler

Lorsque vous sentez que vous êtes sur le point d'exploser, essayez de traduire ce sentiment en mots. Si l'un des mots qui vous vient à l'esprit est « devrait », il se peut que vous exigiez trop de la situation ou que vous rejetiez la faute sur quelqu'un d'autre. Plutôt que de mettre votre patience à l'épreuve en définissant les situations par des « devrait », essayez de la renforcer en pensant en termes de « pourrait ». Envisagez les autres possibilités qui s'offrent à vous pour tenter de résoudre le problème ou de relever le défi. En d'autres termes, concentrez-vous sur les choses que vous pouvez contrôler plutôt que sur les choses ou les personnes que vous ne pouvez pas contrôler.

Méditez quotidiennement

Il est de plus en plus évident que la pratique de la méditation procure un large éventail de bienfaits. Si vous la pratiquez régulièrement, vous récolterez les fruits d'un calme intérieur qui ne sera pas facilement ébranlé par les petits contretemps de la vie quotidienne. Mieux encore, vous pouvez commencer à méditer dès aujourd'hui, gratuitement et sans équipement particulier.

Un sommeil réparateur
Un sommeil insuffisant et de mauvaise qualité nous met à cran et nous rend plus susceptibles de perdre notre sang-froid. Fortifiez votre patience en vous accordant l'avantage d'une bonne nuit de repos qui s'articule autour d'au moins sept heures de sommeil ininterrompu.

Soyez attentif à ce qui vous donne l'impression d'être pressé.
Nos listes de choses à faire ont tendance à devenir des embouteillages pour notre cerveau. Très vite, nous sommes tellement occupés par ce que nous avons à faire que nous ne tolérons plus rien (comme la circulation réelle) qui s'y oppose. « Notre esprit saute constamment d'une pensée à l'autre, d'une tâche à l'autre, d'un souci à l'autre », écrit Rob White, coach en motivation et auteur, dans un blog du HuffPost. « Nous vivons des vies interrompues, ponctuées de distractions qui nous arrivent de toutes parts. Le multitâche est la norme... Tout cela s'ajoute à un état de précipitation. »
La pleine conscience, ou la conscience de nos pensées, peut faire beaucoup de bien lorsque nous avons un million de choses qui nous passent par la tête. « Mettez par écrit vos pensées ou ce que vous devez faire afin d'avoir un cadre tangible sur ce qui vous rend si impatient, conseille White. Ces étapes à elles seules suffiront à mettre en lumière la folie de l'esprit qui saute et la valeur du ralentissement. »

Ne réagissez pas, distrayez-vous
Parfois, la meilleure façon de faire face à des situations frustrantes est de se concentrer sur autre chose que votre irritation naissante. Jouez au jeu de la chasse au trésor mentale en utilisant votre environnement. Par exemple, si vous êtes coincé dans un embouteillage, réorganisez les lettres et les chiffres des plaques d'immatriculation autour de vous pour créer des mots ou des phrases amusants (ce jeu permet également de distraire les enfants irritables). Si vous êtes coincé dans une longue file d'attente à l'épicerie, examinez discrètement les choix alimentaires de la personne qui vous précède. Pouvez-vous dire ce qu'il y a au menu de son dîner ? Que pourriez-vous faire avec les mêmes ingrédients ?

Décomposez les grosses tâches
Trouvez un moyen de décomposer vos grands objectifs en tâches plus petites et plus faciles à gérer qui alimentent votre humeur avec un sentiment d'accomplissement constant. Par exemple, si vous voulez perdre du poids, vous pouvez célébrer une petite victoire à chaque séance d'entraînement que vous effectuez ou à chaque repas sain que vous mangez. Lorsque vous vous souvenez que ce sont les petites victoires qui font les grands succès, vous ne serez pas aussi impatient avec vous-même si vous perdez une bataille de temps en temps.

Ayez confiance en votre capacité de réussite

- L'impatience résulte d'une incertitude quant à votre efficacité personnelle. Lorsque vous n'êtes pas sûr de votre capacité d'exécution, vous êtes impatient d'obtenir des résultats. Vous voulez vous prouver que vous êtes capable.

- Convainquez-vous que l'objet de votre désir vous appartient. Vous êtes tout à fait capable de réaliser ce que vous voulez.

- La question est de savoir quand vous l'atteindrez, pas si vous l'atteindrez. Et le timing, vous ne pouvez pas le contrôler.

Faites-vous attendre

La gratification instantanée peut sembler être l'option la plus « agréable » sur le moment, mais la recherche en psychologie implique en fait le contraire. Selon une étude récente, attendre pour obtenir quelque chose nous rend plus heureux à long terme. Et le seul moyen pour nous de prendre l'habitude d'attendre (et par conséquent, d'en récolter les joyeux bénéfices) est de nous entraîner.
Commencez par de petites tâches : repoussez le visionnage de votre émission préférée au week-end ou attendez 10 minutes de plus avant d'aller manger un brownie. Vous constaterez rapidement que plus vous vous exercez à la patience, plus vous l'appliquerez à d'autres situations plus irritantes.

Mangez lentement

Charles Courtemanche est un économiste dont les recherches montrent que manger lentement est un moyen de réduire les comportements impulsifs, ce qui fait de vous une personne plus patiente. Pour en tirer le meilleur parti, entraînez-vous à manger lentement en préparant vous-même un repas simple et sain.

Pratiquez la gratitude

Puisque la gratitude peut améliorer notre santé, pratiquez la gratitude pour contrer les humeurs négatives et l'impatience. La prochaine fois que quelque chose ne va pas comme vous le voulez, essayez de vous rappeler toutes les fois où les choses se sont bien passées dans le passé et soyez-en reconnaissant. Vous pourriez même vous sentir reconnaissant d'avoir l'occasion de relever le défi qui se présente à vous !

Prenez des notes, analysez et élaborez des stratégies.

- Comme pour tout domaine que vous souhaitez améliorer dans votre vie, vous devez analyser votre situation actuelle. Dans quels domaines avez-vous besoin de plus de patience ?

- Notez ces domaines et mettez en évidence le domaine le plus important. Si vous étiez plus patient dans ce domaine, comment cela améliorerait-il votre vie ? Trouvez votre motivation.

- La patience pour elle-même n'est pas très sexy. Trouvez un facteur de motivation. Votre santé et votre bien-être émotionnel pourraient être une motivation judicieuse.

QUE FAIRE LORSQUE QUELQU'UN EST IMPATIENT

Lorsque quelqu'un est impatient avec nous, il peut être facile de penser que nous sommes à blâmer. La force de son énergie est souvent très forte et son niveau de frustration augmente. Nous pouvons finir par paniquer et être stressés. Plusieurs possibilités s'offrent alors à nous : nous pouvons nous taire pour tenter de désamorcer la situation, commettre une erreur parce que nous nous dépêchons de terminer ce que nous sommes en train de faire le plus rapidement possible, ou nous pouvons penser que la solution la plus rapide est d'accepter et de faire semblant de comprendre ce qui se passe. Souvent, aucune de ces options ne constitue un résultat souhaitable à long terme.

Examinons certaines des meilleures options lorsque quelqu'un se montre impatient :

- S'adapter au comportement de quelqu'un d'autre est une façon de s'identifier à lui et de montrer que nous apprécions ses sentiments et son point de vue. Le fait d'être tout aussi impatient ou de montrer un sentiment d'urgence dans notre désir de résoudre un problème peut l'aider à sentir que nous compatissons et que nous reconnaissons son point de vue. En se comportant de cette manière, il est alors possible de l'amener progressivement à se calmer ;

- Le fait d'être direct et de demander gentiment à l'autre personne quel est le problème peut lui servir de miroir pour observer son comportement. Cela peut mettre l'autre personne face à ses responsabilités. Elle doit s'arrêter un moment, réfléchir à la question et décider comment répondre ;

- Il y a de fortes chances qu'elle réponde en niant son impatience, ou qu'elle essaie au moins d'expliquer son comportement. Cela ouvre la possibilité d'entamer une conversation plus raisonnable ;

- La subtilité peut être utilisée pour essayer de découvrir indirectement si elle est sous pression, quels sont ses problèmes, si elle éprouve des difficultés dans des domaines particuliers de sa vie. Parfois, si une personne se sent sous pression, elle peut manifester son stress en devenant de mauvaise humeur, frustrée, impatiente. Là encore, le fait d'entamer une conversation peut lui permettre de discuter de ses problèmes et de trouver de meilleures façons de gérer la situation. Cela peut l'aider à aborder les choses sous un autre angle, voire à demander de l'aide et à ne pas prendre les choses autant au sérieux ;

- Nous pouvons être amenés à nous demander si quelqu'un a raison d'être impatient. S'il doit continuellement expliquer quelque chose, cela peut devenir fastidieux. Sommes-nous difficiles ou maladroits, doit-il sans cesse nous répéter la même information, à nous ou à d'autres personnes ? Cette situation peut devenir frustrante à la longue.

Lorsque quelqu'un se montre impatient, nous avons le droit de dire que nous voulons être traités avec respect et considération, mais il est également valable d'apprécier le point de vue de l'autre personne, surtout si nous nous soucions d'elle ou si nous devons travailler avec elle en étroite collaboration. Essayez peut-être de comprendre ce qui se passe avec elle et efforcez-vous de transformer la situation en un environnement moins stressant et plus constructif. De cette façon, tout le monde bénéficiera d'une meilleure qualité de vie.

PATIENCE ET IMPATIENCE – LEQUEL EST LE PLUS IMPORTANT POUR VOTRE ENTREPRISE ?

« La patience est une vertu ».

En plus d'être un adage séculaire, c'est aussi un enseignement de développement personnel, de croissance personnelle, de maîtrise de soi et de psychologie du comportement.

Mais qu'en est-il du contraire ? Pensez-y : « L'impatience n'est pas une vertu ». Est-ce vrai ?

En fait, la patience et l'impatience sont toutes deux des vertus. Elles sont toutes deux nécessaires pour réussir dans votre entreprise. Vous devez avoir à la fois la patience et l'impatience pour vous servir dans différentes situations dans votre entreprise.

Patience : la patience est nécessaire lorsqu'il s'agit de prendre des mesures importantes et nécessaires sur une période assez longue avant d'en retirer des avantages financiers. Il s'agit d'une forme de gratification différée. Vous devez faire preuve de patience pour pouvoir poursuivre votre travail jusqu'à ce que les bénéfices et les récompenses arrivent. C'est le cas dans toutes les entreprises. Vous n'obtenez pas de récompenses tant que vous n'avez pas fourni tout le travail nécessaire pour développer l'entreprise et la rendre rentable.

Malheureusement, certaines personnes font un peu de travail, puis s'impatientent et abandonnent. Mais d'autres se concentrent sur les résultats finaux qu'ils souhaitent et continuent à travailler dur et longtemps jusqu'à ce que ces résultats se manifestent enfin.

L'impatience : l'impatience est une bonne chose et une vertu lorsque vous voulez agir et faire avancer les choses. On parle alors d'action ciblée. De sentiment d'urgence. De dynamisme.

L'opposé est la procrastination. Comme nous le savons tous, la procrastination tue. C'est une mort misérable par mille coups.

L'impatience par rapport à l'action est vraiment un sens de l'urgence important qui doit être appris, et qui est absolument critique pour votre succès. Les clés : concentrez-vous sur vos objectifs, vos rêves et vos désirs spécifiques. Suivez un plan quotidien écrit. Prenez toutes les mesures ciblées qui sont nécessaires. Appréciez ! Soyez passionné par la réalisation de vos objectifs et de vos rêves. Soyez heureux, ayez confiance en vous et croyez en vous. Sentez-vous bien ! Sachez qu'avec de la diligence et de la persévérance, vous obtiendrez les résultats que vous souhaitez.

Patience et relation

Celui qui a dit « la patience est une vertu » a probablement fait la queue pour obtenir les meilleures choses de la vie et a fini par les obtenir. Cela n'implique certainement pas que vous obteniez ce que vous voulez sans travailler dur et sans dévouement. La patience en tant que vertu en dit long lorsque vous savez la pratiquer comme il faut.

De nos jours, la plupart des relations ont besoin de la présence dominante de beaucoup de patience.

Une belle vertu que nous devons apprendre de nos grands-parents et de nos parents serait certainement l'art de tenir bon jusqu'à la fin. Peu importe la gravité de la situation, ils ne sont jamais partis. Ils n'ont jamais fait preuve d'apathie et n'ont jamais manqué de patience.

Personne n'est vraiment parfait. Le concept de perfection est imparfait, vous pouvez donc le considérer de manière aussi subjective que vous le souhaitez. Il est donc tout à fait normal de commettre des erreurs, d'en tirer des leçons et d'aller de l'avant. En fait, cela nous apprend beaucoup de patience. Et de la patience naît la résilience qui permet de tout ressentir sans que les aspects négatifs ne vous atteignent.

Il existe de nombreuses raisons pour lesquelles vous pouvez perdre patience à maintes reprises avec votre partenaire.

Au début de toute relation, la patience est très importante. Une personne sera toujours en avance sur l'autre sur la courbe de l'amour. L'une est toujours hésitante ou confuse alors que l'autre attend déjà avec impatience de commencer sa vie avec vous. Si c'est vous qui attendez, attendez avec beaucoup d'espoir et de positivité. Laissez l'autre personne prendre un peu plus de recul et arriver là où vous êtes. Il est toujours utile d'être patient au début. L'impatience peut vous prouver que vous n'avez peut-être pas assez réfléchi avant de vous lancer dans une relation. Accordez-vous et accordez à l'autre personne un certain degré de patience. L'amour s'épanouira certainement si vous le faites.

Une autre raison pourrait être que vous guérissez de vos relations précédentes et que les cicatrices laissées derrière vous altèrent probablement votre relation actuelle. Encore une fois, ce n'est pas votre faute. Il est naturel de recevoir des rappels constants de votre passé et d'agir en conséquence dans votre présent. Ce que vous pouvez faire, c'est essayer de vous débarrasser de tous les bagages que vous avez accumulés et de guérir à la place. Communiquer avec votre partenaire au sujet de vos peurs passées devrait être naturel et sain. Cela vous aide à guérir et la guérison vous apportera inévitablement beaucoup de patience pour faire face au présent et vous apprendra à être plus indulgent dans votre relation.

VOICI QUELQUES CONSEILS QUI PEUVENT VOUS AIDER

Communiquez
La communication est un élément clé pour devenir plus patient avec l'autre en tant que partenaire. Prenez le temps de discuter des sujets qui sont importants pour vous deux, qu'il s'agisse d'aspirations individuelles, de projets communs ou de problèmes. Il est essentiel de poser les problèmes et de demander l'avis de l'autre sur ceux-ci. Il se peut que vous ne soyez pas toujours d'accord avec la décision de l'autre, mais en discutant et en écoutant chaque partie, vous développerez plus de patience et de tolérance envers votre partenaire.

Consacrez des moments de calme à votre couple
La patience ne consiste pas seulement à donner et à tolérer. C'est aussi s'accorder du temps à passer ensemble en tant que couple, sans nécessairement parler. Faites une promenade ensemble, et tenez-vous la main. La communication non verbale dans cet exercice permet non seulement d'allonger votre patience l'un envers l'autre, mais aussi de développer une plus grande confiance, car même si vous ne parlez pas, votre partenaire vous écoute, et vous aussi.

Apprenez à connaître votre partenaire en tant que personne
Dans une relation, il est important que vous connaissiez votre partenaire en tant que personne, et pas seulement en tant que

partenaire en soi. Vous devez en apprendre davantage sur son caractère, les bons et les mauvais côtés, les chouettes et les moins chouettes. En le connaissant de fond en comble, vous êtes en mesure de comprendre ses forces et ses faiblesses et de faire preuve d'une patience naturelle dans vos rapports avec lui.

Écoutez

Écouter peut être difficile, surtout lorsque vous êtes le plus dominateur dans la relation, mais il est important que vous sachiez écouter votre partenaire. Écouter, c'est aussi, en même temps, comprendre ce que votre partenaire dit et ce à quoi il tient. Vous n'êtes peut-être pas obligé d'être d'accord avec les décisions de votre partenaire, mais la patience s'acquiert lorsque vous vous montrez plus conciliant et plus confiant envers ses choix, surtout lorsque vous savez que ces choix sont destinés à améliorer votre avenir.

Acceptez les défauts

Personne n'est parfait, et votre partenaire ne fait pas exception. Bien sûr, il a des défauts, et ce sont des choses que vous devez accepter de tout cœur. Apprenez à réaliser qu'il a des limites et que vous ne pouvez pas le pousser à les dépasser. Dans le même temps, examinez ses possibilités, car elles peuvent être transformées en atouts par la suite.

Apprenez à faire des compromis

Apprendre à faire des compromis est également une clé pour faire preuve de plus de patience. Vous pouvez ne pas être satisfait des décisions de votre partenaire, en particulier sur les questions concernant votre relation, mais vous n'avez pas non plus à céder tout le temps. Apprenez à parler à votre partenaire et à poser vos conditions afin que vous puissiez tous deux trouver un compromis sur une décision. Vous n'en serez peut-être pas totalement satisfait, mais au moins vous serez à moitié heureux, et votre partenaire aussi.

Trouvez des activités que vous et votre partenaire pouvez faire en équipe

Le développement de la patience peut également se faire par le biais d'activités auxquelles vous et votre partenaire participez ensemble. À cet égard, vous pouvez participer à des jeux ou à des sports qui nécessitent une coopération entre vous et votre partenaire, car ces activités vous donnent l'occasion de tester et d'affiner la confiance, la patience et l'assurance de l'autre. Vous êtes l'un et l'autre en mesure de compléter vos faiblesses mutuelles et d'utiliser vos forces jusqu'à ce que vous accomplissiez les tâches prévues dans l'activité à laquelle vous participez.

Laissez votre partenaire vous connaître aussi

La patience, comme l'amour, est une voie à double sens. En plus de vous permettre de comprendre votre partenaire, celui-ci doit apprendre à vous connaître et à vous comprendre également. Comment pourrait-il être patient s'il ne sait pas qui et ce que vous êtes ? Comment pourrait-il être plus tolérant envers vos crises de colère s'il ne sait pas d'où viennent vos problèmes ? Et vice versa : permettez-lui d'apprendre à vous connaître en tant que personne aussi.

Ne participez pas à ses crises de colère

Il arrive que votre partenaire se mette en colère ou fasse une crise pour un problème particulier. Bien sûr, cela peut vous mettre sur les nerfs, mais vous joindre à sa colère ne fera qu'empirer les choses. Laissez-le plutôt souffler et évacuer tout ce qu'il ressent, puis parlez-lui calmement une fois qu'il s'est calmé. Cela lui donnera le temps de se débarrasser des émotions inutiles et de redevenir rationnel avant de résoudre le problème auquel vous êtes confrontés.

Permettez à votre partenaire d'être lui-même ou elle-même

Il est courant pour toute personne vivant en couple de se montrer sous son meilleur jour à tout moment, car elle ne souhaite que le meilleur pour son partenaire et son installation. Mais si vous permettez à votre partenaire de continuer à agir de la sorte, votre relation deviendra de plus en plus difficile, car tôt ou tard, les failles feront surface, les défauts deviendront plus apparents et vous ne saurez pas comment les gérer. Par conséquent, laissez votre partenaire et vous-même devenir votre moi naturel, car c'est ce que vous avez aimé l'un chez l'autre au départ.

IMPATIENCE : JE SUIS PATIENCE

Beaucoup de gens manquent de patience. Ils sont toujours pressés. Vous faites peut-être partie de cette catégorie. Si c'est le cas, de nombreux problèmes supplémentaires peuvent survenir lorsque vous êtes impatient. Vous ratez souvent de bonnes occasions dans la vie, car vous êtes trop anxieux pour prendre le temps de faire des recherches approfondies ou d'attendre. Vous pouvez ressentir un stress accru, car le rythme quotidien est effréné. Plus important encore, vous trouvez rarement le temps d'apprécier les choses simples de la vie.

Deux dictons me viennent à l'esprit. Les bonnes choses arrivent à ceux qui attendent et la patience est une vertu. Dans notre monde actuel où tout va très vite, la patience et la tolérance ne sont pas encouragées – au contraire, la société nourrit l'impatience. Il suffit de regarder autour de soi. La technologie nous permet de faire avancer les choses rapidement. Sans compter que les États-Unis sont une culture de la gratification instantanée. Alors, comment apprendre la patience ?

Malheureusement, la plupart des gens apprennent la patience à la dure. Ils se retrouvent dans une situation où il n'y a pas d'autre choix. En d'autres termes, les conséquences d'un manque de patience l'emportent largement sur votre désir de vous dépêcher. Par exemple, aucune personne impatiente ne restera à un travail qu'elle méprise à moins qu'elle n'ait pas le choix. Il y a de fortes chances qu'un autre emploi ne soit pas encore trouvé. Elle est donc coincée. Il est plus probable qu'elle se décourage parce qu'elle a l'impression que le processus est trop long.

La patience au service de la réussite

Vous avez entendu tous les clichés. Rome ne s'est pas construite en un jour, c'est un marathon et non un sprint, il faut 10 000 heures pour être bon, etc.

Mais rien de tout cela ne vous aide. Pas plus que de vous dire d'être patient parce que vous voulez que tout se réalise maintenant.

En effet, qui ne le voudrait pas ?

Mais même en regardant le vaste tunnel où la lumière au bout signifie votre succès futur, vous vous demandez pourquoi, malgré tous vos efforts, cela ne se produit pas pour vous. C'est humain de se poser des questions et de s'en vouloir de ne pas avoir encore réussi, après tout.

Peu importe ce que vous faites. Travailler sur un roman, se construire une audience, créer un ensemble d'œuvres... Tout cela prend du temps. Mais le temps est notre plus grand atout. Nous en avons beaucoup, même si nous en gaspillons beaucoup.

La patience permet aux rêves de se réaliser

Certaines personnes reconnaissent leurs rêves ou leurs objectifs de vie dès l'enfance, tandis que d'autres identifient leurs rêves à l'âge adulte. Chaque fois que vous parvenez à connaître vos rêves, vous avez beaucoup de chance.

Soyez reconnaissant de cette connaissance, car vous avez alors la possibilité de vous engager à voir vos rêves se réaliser. Vous inspirerez également d'autres personnes à vivre leurs rêves, ce qui est appréciable.

Êtes-vous reconnaissant de savoir quels sont les rêves de votre vie ? Souvenez-vous du cadeau que représente cette connaissance.

Êtes-vous impressionné par les réalisations des personnes célèbres ?

Vous pouvez les voir lors d'une remise de prix, d'une interview télévisée ou sur les médias sociaux avec des tonnes d'abonnés, mais pensez-vous à ce qu'il faut pour que ces personnes célèbres y parviennent ? Certaines parties de vos rêves peuvent se dérouler rapidement, mais bien souvent, il y a un processus pour les réaliser.

Surmonter l'impatience liée au stress et aux troubles nerveux

On peut dire d'un coup d'œil comment les gens sont à l'intérieur. Le langage corporel et les apparences sont des marques de notre caractère et de notre personnalité, tandis que la couleur extérieure de nos humeurs apparaît comme une balise. La lumière dans les yeux d'une personne et le pincement des lèvres sont des indicateurs de stress, de manque d'estime de soi, voire de haine et d'autres choses. Nous ne pouvons pas cacher qui et ce que nous sommes et nous émettons à la fois des signaux et une odeur lorsque nous sommes en désaccord avec le monde.

Les animaux détectent ces éléments beaucoup plus rapidement que les humains et les chiens peuvent reconnaître instantanément un ami d'un ennemi simplement grâce à ces signes extérieurs. Les humains, cependant, sont également capables de le discerner, même si la plupart ne comprendront pas pourquoi.

C'est le cas lorsque l'on rencontre quelqu'un pour la première fois et que la « chimie » détermine si l'on doit l'apprécier ou éviter tout contact à partir de ce moment-là. C'est une chose qui pourrait également vous en dire plus sur vous-même que vous n'êtes prêt à le comprendre. Je suis convaincu que l'on voit dans les autres ce que l'on a en soi.

Si quelqu'un vous impressionne parce qu'il présente quelque chose que vous n'aimez pas, regardez en vous-même pour voir s'il ne s'agit pas d'un trait de votre propre caractère. Il y a de fortes chances que vous trouviez la même chose en vous et, en travaillant dessus, la personne qui vous l'a rappelé sera mieux comprise et appréciée.

En travaillant ainsi sur son caractère, on améliore son charisme et on surmonte les états nerveux liés au stress et à l'impatience. Nous avons tous un certain degré d'intolérance à l'attente des choses et nous avons tendance à avoir une réaction lorsque quelque chose ne va pas ou que nous avons un accident. La meilleure façon de surmonter cela est de tourner son esprit vers quelque chose d'heureux et le temps d'attente sera plus court.

LA CRÉATIVITÉ EST LA CLÉ

---•◉•---

"
Il n'y a rien dans une chenille qui vous dit qu'elle va devenir un papillon.
- Buckminster Fuller

À mon avis, la plus grande facette de la vie est en effet notre capacité divine et innée à créer, rien n'est aussi pleinement expansif (d'une grande portée) et gratifiant... rien ! Par exemple... Avez-vous déjà observé des enfants de quatre et cinq ans en train de jouer ? Ils sont pleins d'étoiles, curieux et très créatifs dans leurs jeux. Ils ne savent pas encore ce qu'ils ne savent pas. Leurs limites créatives n'ont pas de frontières ; personne ne leur a fait comprendre qu'ils ne pouvaient pas faire quelque chose. Ce sont des explorateurs, des artistes ou des musiciens intrépides ; certains sont même des comédiens en herbe. Ils n'ont pas encore été poussés à se conformer et ils pensent qu'ils peuvent tout faire et que rien n'est au-delà de leurs capacités.

Les recherches montrent que chaque être humain est capable de pensée créative. Nous avons des capacités créatives qui se manifestent souvent très tôt dans la vie. Des études montrent que l'adulte moyen ne pense qu'à trois ou quatre idées différentes pour une situation donnée, alors que l'enfant moyen peut en trouver soixante. Elles ont prouvé qu'en matière de créativité, la quantité est égale à la qualité. En demandant aux sujets de dresser une liste d'idées, ils ont montré que plus la liste est longue, plus la solution finale est de qualité. Les meilleures idées apparaissent généralement à la fin de la liste.

En fait, la créativité est inscrite dans nos gènes, elle fait partie de notre ADN. Malheureusement, en vieillissant, la pression de devoir grandir, aller à l'école, trouver un emploi, tout cela semble réprimer nos tendances créatives. Le stress de la vie quotidienne, associé à des dilemmes occasionnels, nous laisse trop épuisés pour être vraiment créatifs.

Mais la créativité est un pouvoir et elle est essentielle à notre bien-être. Sans créativité, nos vies deviennent prévisibles, routinières, ennuyeuses et pédantes. La bonne nouvelle est que nous pouvons tous être très créatifs. Je sais que vous vous dites : « Mais je ne suis pas du tout créatif. Je ne sais pas peindre ni même tracer une ligne droite, je ne sais pas distinguer une note d'une autre et je n'ai jamais été capable d'écrire correctement. De la poésie ? Ne me faites pas rire ! »

D'accord, la plupart d'entre nous ne sont pas Edison, de Vinci, Einstein, Mozart ou Shakespeare. Cependant, nous sommes tous créatifs à notre manière. Nous devons simplement reconnaître nos talents et nos compétences uniques. Posez-vous les questions suivantes :

- Êtes-vous constamment à la recherche de nouveaux objectifs, de quelque chose de nouveau à accomplir ?

- Aimez-vous regarder ce qui existe déjà et vous demander « Et si... » ?

- Lorsque vous essayez quelque chose de nouveau et de différent, est-ce que cela vous fait vous sentir plus intelligent ?

- Aimez-vous enseigner à quelqu'un une nouvelle compétence ?

- Êtes-vous doué pour la résolution de problèmes ?

Alors, félicitez-vous : vous êtes une personne « créative » ! La créativité ne se traduit pas toujours par un produit tangible. Il s'agit parfois d'idées, de résolution de problèmes ou d'enseignement, mais il s'agit bel et bien de créativité en action. La créativité nous permet de nous améliorer, de développer notre conscience et d'élargir nos horizons ainsi que ceux des autres.

Lorsque le potentiel de créativité rencontre la promesse de compétences, vous rentrez en contact avec l'esprit créatif. Plus rien ne vous retient désormais. Vous recevez ce flash divin d'inspiration, ce moment d'illumination, et vous êtes prêt à prendre des risques créatifs. C'est la création lucide !

Maintenant, vous vous demandez probablement ce que vous devez faire exactement pour vous assurer un succès créatif. Vous avez effectivement besoin de certains outils et compétences pour accomplir cette tâche. Tout d'abord, vous devez avoir une certaine expertise dans le domaine que vous avez choisi pour poursuivre votre créativité. Si vous n'avez aucune connaissance dans le domaine des sciences, il y a de fortes chances que vous ne fassiez pas la prochaine percée fantastique en médecine ou que vous n'inventiez pas le remplacement de la roue. Vous devez trouver le domaine qui correspond à votre intérêt particulier et à vos compétences. Une certaine expertise est essentielle pour réussir.

L'outil suivant, essentiel à votre réussite, est la capacité de penser de manière créative dans le domaine que vous avez choisi – être capable d'imaginer tout un champ de possibilités. Cela inclut la capacité de retourner les choses dans votre esprit jusqu'à ce que vous trouviez la réponse. La persévérance est nécessaire – cette détermination à continuer à s'attaquer à un problème jusqu'à ce que vous le résolviez. Il faut savoir quand renverser les choses et les regarder différemment. Vous devez savoir quand nourrir le processus de créativité et quand le laisser reposer dans votre esprit jusqu'à ce qu'il soit prêt à s'envoler et qu'il soit judicieux de laisser du temps à ce flux pour… s'écouler.

Un autre outil essentiel dans cette quête de créativité est le courage – il faut être prêt à prendre des risques créatifs et à essayer quelque chose que vous n'avez jamais essayé auparavant. Vous devez être ouvert à toutes les nouvelles possibilités qui se présentent à vous. On ne sait jamais quand les idées vont venir.

Enfin, vous devez avoir de la passion – le désir de réussir quoi qu'il advienne. Peu importe le prix final ou le type de compensation que vous pourriez recevoir. L'important, c'est la passion, le désir de réussir, peu importe ce que c'est, quoi qu'il arrive. Albert Einstein a dit : « Le génie, c'est de s'y tenir. »

Plus important encore, vous devez affronter tout risque créatif avec l'esprit d'un enfant, être capable de colorier en dehors des lignes. L'enfance est le moment où la créativité vous vient en premier. Va-t-elle grandir ou être rabougrie ? Vous devriez toujours jouer comme un enfant.

Les enfants ne s'en rendent peut-être pas compte, mais le temps de jeu est en fait un processus d'apprentissage. C'est le moyen préféré du cerveau pour apprendre. L'enfant apprend les mathématiques, les compétences verbales, la musique et les arts visuels pendant le temps de jeu. Il apprend à explorer et à ressentir le plaisir de la découverte. Il apprend à connaître sa propre culture et celle des autres.

Alors, est-il vrai que les enfants sont plus créatifs que les adultes ?

Pendant la révolution industrielle, il y a deux cents ans, ce pays a conçu le système éducatif et a commencé à former les gens à être de bons petits travailleurs et à toujours obéir aux instructions. Cela ne laissait pas beaucoup de place à l'individualité ou à la non-conformité dans notre façon de penser. La bonne nouvelle est que le système éducatif d'aujourd'hui, dans l'ensemble, permet aux enfants d'être plus libres de penser et plus créatifs.

La créativité enfantine devrait être étudiée et imitée. Laissez-vous croire que tout est possible, même quelque chose de scandaleux.

Cela vous aidera à développer des connexions créatives. L'esprit non créatif dit « Je ne peux pas », mais l'esprit créatif dit « Je peux et voici comment ! ». Si vous pouvez voir, parler, entendre, vous souvenir et comprendre, vous pouvez aussi être créatif. Ne dites jamais, jamais que vous n'êtes pas créatif. Peu importe ce que vous croyez ou ne croyez pas à propos de vous, vous avez raison.

Que pensez-vous du fait d'être créatif ? Associez-vous la créativité à un comportement étrange, artistique ou excentrique ? Vous méfiez-vous de ceux qui correspondent à cette description ? Ou peut-être associez-vous automatiquement la créativité aux extrêmes de la folie ou de la psychose. Vous proclamez : « Je suis trop terre à terre pour être créatif. »

Parfois, vous êtes en possession de faits déjà connus du monde entier. La différence réside dans votre organisation et votre interprétation de ces faits. Votre créativité réside peut-être dans votre capacité à convaincre des personnes dans une salle pleine de monde de prendre une décision d'achat. Peut-être avez-vous fait économiser des millions à votre entreprise grâce à une seule idée. Vous avez déjà résolu un conflit dans votre famille ou votre entreprise ? Devinez quoi ? Vous êtes créatif !

Peut-être vous a-t-on déjà dit à quel point vous étiez talentueux dans un domaine particulier ; vous savez peut-être même que c'est vrai. Alors, pourquoi être timide ? Mais que faites-vous ? Comment faire pour libérer tout ce talent ? Comment l'entretenir ?

Revenons à l'idée d'être plus enfantin, sans être gêné par la vie quotidienne et le stress. Jouons ! Prenez un bloc de dessin et des crayons de couleur, et dessinez des cercles et des motifs. Si vous avez des enfants, empruntez un de leurs livres de coloriage et des crayons de couleur, et rejoignez-les pour le plaisir du coloriage. Faites des objets de couleurs extravagantes, comme le font les enfants. Encore une fois, coloriez en dehors des lignes, bien en dehors des lignes ! Trouvez de la pâte à modeler et commencez à sculpter ; il n'est pas nécessaire que ce soit quelque chose de particulier ; amusez-vous avec. Écrasez-la, coupez-la, tranchez-la, puis écrasez-la à nouveau. Essayez de créer des formes.

Maintenant, vous vous demandez : « Mais quel est le but de toutes ces bêtises ? » Eh bien, il n'y a pas de but, vous avez juste besoin de jouer, de vous amuser et d'être libre. C'est étonnant de voir à quel point votre cerveau va apprécier ce temps de jeu sans but. Vous découvrirez soudain que vous êtes plus détendu. Vous pouvez même vous sentir heureux. Même le rythme de votre respiration est différent pendant que vous jouez. Au lieu des respirations courtes et superficielles que vous prenez lorsque vous êtes stressé, vous respirez maintenant profondément. Vous ne ressentez pas la sensation de « lutte ou de fuite ». Vous êtes totalement détendu. Vous devez mettre de côté les soucis et le stress de temps en temps. Ne vous préoccupez pas des problèmes ou des échéances, et jouez simplement, sans aucun but.

Quelques minutes de jeu sans but par jour feront une grande différence dans votre créativité, votre résolution de problèmes, votre médiation, votre enseignement ou toute autre activité. Vous vous rendrez vite compte qu'il est temps de faire passer ce talent au niveau supérieur, alors laissez votre créativité s'exprimer plus souvent et laissez-vous aller. Stephen Nachmanovitch a dit un jour : « La muse la plus puissante de toutes est notre propre enfant intérieur. »

Gardez cependant à l'esprit que le talent ne suffit pas. Laissez-moi le répéter. Vous devez avoir une passion et une discipline absolues pour développer votre créativité. Vous devez être déterminé à vous engager dans votre talent.

À quoi le mot « créatif » vous fait-il penser ? Un art à couper le souffle ? Une pensée totalement originale ? Une composition musicale passionnante ?

Des inventions étonnantes ? Vous êtes-vous laissé aller à croire qu'il vous est impossible d'être créatif ?

Vous vous êtes peut-être laissé aller à l'habitude au fil des ans. Vous êtes-vous condamné à être incapable d'avoir une pensée créative ? Vous êtes peut-être resté coincé dans une ornière ou une routine ennuyeuse, et vous pensez que vous n'êtes pas capable de changer.

Maintenant, imaginez ce que serait votre vie si vous étiez autorisé à la vivre de manière créative, chaque jour. Vous savez que vous êtes créatif et talentueux. Et si le monde qui vous entoure vous traitait comme tel et vous permettait d'entretenir ce talent, d'améliorer vos compétences et d'accorder à votre personnalité créative l'attention dont elle a besoin et qu'elle mérite ? Vous feriez confiance à vos propres passions créatives, vous seriez capable de résoudre n'importe quel problème et vous embrasseriez votre propre créativité comme faisant partie intégrante de votre vie – l'une des composantes nécessaires à votre bonheur et à votre santé mentale.

LE SUCCÈS CRÉATIF : DÉFINIR VOTRE VISION PERSONNELLE DE VOTRE VIE CRÉATIVE

La pression exercée pour « réussir » est probablement plus forte aujourd'hui qu'elle ne l'a jamais été dans la société humaine.

Et il ne s'agit pas seulement de réussir dans un domaine ou un secteur particulier de notre vie. On attend de nous que nous réussissions dans tous les domaines – être un parent merveilleux, un ami qui soutient, un bon fils ou une bonne fille, un artiste révolutionnaire ET un membre de la société soucieux de sa communauté, pour n'en citer que quelques-uns.

Ces attentes et cette pression semblent provenir d'un large éventail de sources – nos pairs, nos parents, les médias et la société en général.

Mais en fin de compte, il n'y a qu'une seule personne qui peut définir ce qu'est le « succès » pour chacun d'entre nous. Cette personne, c'est nous-mêmes.

Une vision pour votre vie créative

Concentrons-nous pour l'instant sur votre vie créative.

Pensez aux différentes façons dont vous voulez être créatif, aux différents projets et domaines, aux différents supports que vous voulez utiliser pour créer.

Commencez par la discipline créative qui vous est la plus proche, celle à laquelle vous revenez sans cesse, que ce soit l'écriture, le stylisme, la peinture, le scrapbooking, la photographie, le cinéma ou autre.

Imaginez que vous puissiez avoir demain tout le succès que vous souhaitez dans ce domaine majeur de votre créativité. Qu'est-ce que cela signifierait pour vous, qu'est-ce que vous ressentiriez, à quoi cela ressemblerait-il ?

Prenez le temps de colorier les détails de la manière la plus vivante possible. Écrivez exactement ce que vous feriez, à quelle fréquence, où vous seriez, ce qui se passerait autour de vous, avec qui vous vous mélangeriez. Faites-en une vision aussi descriptive et complète que possible.

Plutôt que d'écrire tout cela avec des mots, vous pouvez créer cette vision sous la forme d'une image ou d'un collage. Découpez des images dans des magazines qui vous correspondent dans le cadre de votre vision du succès créatif et disposez-les sur une grande feuille de papier avec une photo de vous-même au centre.

Gardez également à l'esprit que cette vision peut décrire un état permanent, plutôt qu'un point fixe.

À qui appartient VRAIMENT cette vision ?

Une fois que vous avez cette vision forte de la réussite de votre vie créative, posez cette question cruciale :

Est-ce vraiment VOTRE vision ?

Est-ce vraiment ce que VOUS voulez ? Vous sentez-vous vraiment concerné ? Est-ce que cela vous appartient, est-ce que c'est ce qui vous rendra heureux ?

Ou cette vision de la réussite créative vient-elle de quelqu'un ou quelque part d'autre ?

La réalisation de cet objectif VOUS rendra-t-il heureux et fier, ou seulement les autres personnes de votre entourage ?

C'est une question tellement importante, et si vous pensez, comme beaucoup d'entre nous, que vous avez poursuivi une certaine vision ou un certain objectif pour plaire ou satisfaire quelqu'un d'autre, il est temps de l'arrêter et de la redéfinir.

Et avant que votre critique intérieur n'émette des commentaires tels que « Tu es TELLEMENT égoïste, tu ne fais que poursuivre ce que TU veux », rappelez-vous que plus nos vies sont heureuses et significatives, plus nous sommes capables de contribuer au bonheur des autres, plus nous sommes naturellement et facilement capables de répandre cette créativité et cette joie parmi ceux qui nous sont proches.

Alors quelle est votre vision personnelle de VOTRE succès créatif ? Et, dans les jours, mois et années à venir, comment pouvez-vous y rester connecté et vous assurer qu'elle reste votre vision et non celle d'un autre ?

CRÉATIVITÉ, SUCCÈS ET TRAVAIL

—•◉•—

Paul Gaugin, le célèbre peintre français, s'est retiré de la société et a passé le reste de sa vie sur une île du Pacifique Sud. Peu avant sa mort, il a terminé son dernier chef-d'œuvre, intitulé « Qui sommes-nous ? D'où venons-nous ? Où allons-nous ? ». Il écrit à ce sujet : « J'ai mis toute mon énergie dans cette œuvre avant de mourir – une passion si douloureuse, une vision si claire. »

La créativité est comme une grossesse, où la mère s'enfonce dans des eaux profondes et troubles. Même après la naissance, elle reste mère toute sa vie et n'est jamais vraiment libérée de cette responsabilité. Toute créativité est une profonde souffrance, à moins que notre créativité ne sorte pas de l'esprit, mais de la méditation. Lorsqu'elle est issue de la méditation, c'est comme si nous partagions la joie et la félicité que nous avons.

Tous les créateurs occidentaux sont passés par de longues années de souffrance. Beaucoup d'entre eux ont été contraints de vivre dans des maisons de fous, et beaucoup se sont suicidés.

Cette folie ne se limite pas à la créativité, mais aussi au travail que nous faisons tous. Pouvez-vous vous souvenir d'un moment où vous avez tout simplement perdu la tête en consacrant trop de temps à votre seul travail, sans compter les disputes avec vos proches et vos enfants qui se vengent plus tard ?

Certains d'entre nous travaillent avec un esprit créatif et une approche affectueuse du travail, comme s'il s'agissait de donner naissance à quelque chose de grand et de significatif ; d'autres s'efforcent de réussir dans un but unique.

Chacun est libre d'apprendre quelque chose sur lui-même au cours de ce processus qui peut parfois être douloureux si nous sommes trop axés sur les objectifs. La seule chose triste serait que nous n'apprenions rien sur nous-mêmes en donnant naissance à notre travail, notre créativité ou notre passion.

Nous pouvons apprendre quelque chose de l'Orient dans notre approche du travail, de notre emploi, de notre passion, de notre but et de tout ce que nous faisons. En Orient, la situation est totalement différente dans la mesure où pas un seul créateur n'a souffert. En fait, seuls les créateurs ont profité pleinement de la vie.

La société occidentale est affligée par l'ignorance de ce qu'est une vie méditative. Par conséquent, tout ce qui est fait par une approche purement occidentale est fait par l'esprit. Et le mental n'est pas la source de la joie, car il ne peut que créer l'agonie, jamais l'extase. Je pense que nous avons tous, un jour ou l'autre, fait l'expérience que l'esprit peut être un enfer.

Malheureusement, beaucoup ignorent que la méditation peut être simplement une prise de conscience aiguë de ce que nous faisons à chaque instant, de manière détendue, sans jugement et avec vigilance. Il n'est pas nécessaire d'y consacrer une heure par-ci, par-là. En fait, ce type de pensée détruit la possibilité pour chacun de vivre une vie créative et détendue, avec tous ses hauts et ses bas ; en outre, il empêche les gens de se donner la peine de découvrir que la méditation est une science et un moyen pratique de vivre une vie plus jeune, plus paisible et plus saine, quel que soit leur âge.

En fait, pour beaucoup, la méditation est assimilée à la religion et c'est bien dommage.

Comme la plupart des gens le savent, vivre une vie de division est malsain et cela s'applique à la division Est et Ouest. Warren Beatty a dit un jour qu'une personne qui réussit est celle qui ne sait pas si elle travaille ou si elle joue. Elle n'a pas un état d'esprit « aller au travail », puis « rentrer à la maison et se détendre ».

Il y a quelques années, des chercheurs en médecine ont effectué des tests qui ont révélé que cette approche n'améliorait pas la santé de bon nombre des sujets testés ; en fait, elle était le facteur déterminant de certaines maladies comme la pression artérielle, les maladies cardiaques, le stress, etc.

SE RETROUVER DANS UN ARBRE – STRATÉGIES POUR UN SUCCÈS CRÉATIF

S entez-vous qu'il est temps de nourrir vos racines créatives, d'honorer votre vraie nature ? Vous sentez-vous attiré par un rêve de longue date que vous avez repoussé pendant des années ? Qu'est-ce qui doit être mis en place pour que vous puissiez honorer quelque chose qui fait tellement partie de qui vous êtes ? Un bon début est de réfléchir à ce qui vous rend le plus heureux, puis de rétablir ces éléments clés dans votre vie quotidienne.

D'aussi loin que je me souvienne, la possibilité d'une libération créative est ce que j'apprécie le plus. Quand j'étais petite, l'une de mes activités préférées était de grimper dans l'arbre au-dessus de notre basse-cour de poules, canards et lapins (nos animaux de compagnie, pas notre nourriture) et de m'asseoir pendant des heures dans un confortable berceau de branches. Beaucoup d'histoires et de poèmes, de décisions de vie (pour une enfant de 12 ans) et une abondance d'idées créatives sont nés de ces retraites.

Avec le recul, les éléments clés étaient en place pour une stimulation créative. Ce qui me rendait la plus heureuse : j'étais dans un arbre qui me donnait de l'énergie et j'étais assise dans mon coin privé avec une belle vue qui nécessitait un peu d'escalade créative et d'équilibre pour y accéder. Sans aucun arbre à grimper à proximité, comment puis-je reproduire cette source d'inspiration de l'enfance ? Pour l'inspiration quotidienne, j'intègre la nature dans ma vie de tous les jours et je cherche d'autres façons de voir le monde (comme mon perchoir dans un arbre). Pour les objectifs à long terme, je me concentre sur les sources de bonheur dans ma vie actuelle et je laisse ma nature personnelle créer un plan d'action (comme les stratégies ci-dessous). Comment pourriez-vous accomplir cela pour vous-même ?

L'un des moyens est de prendre le temps de concevoir un plan d'action qui intégrera la racine de votre bonheur comme une nouvelle perspective vers un changement de vie. Pour quelque chose de différent, essayez les 13 stratégies suivantes, inspirées des arbres et d'un peu d'accrobranche, pour réussir à fixer des objectifs.

Assurez-vous que votre arbre (votre idée/objectif) est stable et possède des racines nombreuses et profondes.

Si vous n'êtes pas fermement ancré dans la foi en vos capacités et votre force, les autres vous démoliront avant que vous n'ayez la chance de vous épanouir et de faire de vos rêves une réalité.

CHOISISSEZ UN ARBRE (VOTRE OBJECTIF) QUI RÉSISTERA À LA TEMPÊTE.

Votre objectif doit être suffisamment clair et solide pour supporter les revers et les obstacles.

Cultivez
Chaque étape est comme un anneau de croissance ; ce sont vos possibilités, vos opportunités et vos ressources qui élargissent et renforcent votre système de soutien.

Chaque arbre est une communauté de vie en soi
Si vous le pouvez, faites de vos objectifs le centre d'une communauté où vous devez jouer un rôle actif dans la réalisation de vos objectifs ; inspirez les autres par vos progrès.

Les arbres sont anciens et représentent souvent l'endurance et la sagesse.

Soyez patient et réagissez par des décisions sages.

Prenez le risque
Oui, grimper aux arbres peut être risqué, vous devez donc prendre des précautions et regarder avant de sauter de branche en branche pour ne pas tomber.

Connectez-vous à votre intuition

Prenez le temps de vous reposer et de calmer votre esprit en pratiquant une forme de méditation de pleine conscience. Cela vous permettra de vous connecter à votre intuition, qui est votre moi supérieur, ou la force créatrice qui vous permet de vous connecter à votre enfant intérieur. C'est la partie de votre âme qui vous permet de créer et d'imaginer toutes les possibilités qui s'offrent à vous pour réaliser vos rêves. Votre intuition vous donne des conseils divins sur la prochaine étape à franchir et sur la manière de présenter vos œuvres créatives sous la forme qui convient à vos dons et à vos talents.

Brainstorming avec d'autres personnes

Parfois, tout ce qu'il faut pour passer de l'épuisement à la motivation ou d'une idée relativement inefficace à la « solution parfaite » à tous vos problèmes, c'est quelques instants de discussion de vos idées avec une autre personne. Le fait d'avoir une toute nouvelle perspective peut vous aider à vous souvenir d'idées que vous avez peut-être oubliées, à développer des idées que vous avez déjà et à proposer des choses que vous n'auriez jamais envisagées tout seul. Si vous êtes vraiment perplexe, essayez d'organiser une séance de brainstorming avec un ami ou un collègue de travail. Demandez-leur quand vous pourrez leur soumettre quelques idées et voyez ce qu'ils en pensent.

Servez l'humanité avec votre don

La dernière stratégie pour développer votre génie créatif est de le partager avec le monde. Vos dons et vos talents feront de la place pour vous et il est important d'avoir la confiance nécessaire pour partager vos œuvres créatives avec le monde afin qu'elles puissent l'aider. Les gens vous donneront également des retours constructifs sur vos œuvres créatives et leurs commentaires continueront à vous aider à affiner vos dons et talents. Avant que vous ne le sachiez, vous atteindrez un nouveau niveau de génie créatif.

Élargissez vos horizons
Demandez de l'aide. Tout le monde a besoin d'un petit coup de pouce ou d'une aide à un moment donné, accueillez tout soutien positif.

Mettez-vous à l'abri des influences ridiculement négatives (fourmis, sève, épines, branches faibles – autrement dit, les mauvaises langues, l'autosabotage, les mauvaises décisions).

Parlez-vous à vous-même
Il ne s'agit pas d'avoir des interactions imaginaires avec soi-même. Il s'agit de discuter de vos idées et de vos pensées afin de pouvoir faire mieux. Passez un peu de temps à dire tout haut ce que vous pensez tout bas, ou à vous redire ce que vous lisez ou écoutez. Cela peut vous aider à apprendre et à traiter les choses d'une nouvelle et meilleure façon.

Faites des listes
Notez tout ce que vous voulez ou ce dont vous avez besoin en rapport avec ce sur quoi vous vous concentrez ; parfois, le fait d'écrire les choses et de les regarder peut vous aider à trouver comment aborder quelque chose sous un angle nouveau. Notez toutes les idées qui vous viennent à l'esprit, puis réfléchissez à la manière dont ces idées vont continuer à fonctionner avec ce que

vous devez accomplir. Parcourez votre liste jusqu'à ce que vous choisissiez une solution qui fonctionne ou que vous découvriez un moyen de les intégrer.

Prenez le temps de vous entraîner
La deuxième stratégie consiste à prendre le temps de pratiquer votre don. Ce n'est pas le moment de le perfectionner, mais cela permet à votre flux créatif de couler et vous permet de créer un travail beaucoup plus efficace et en moins de temps. Il se peut que vous découvriez, pendant ce temps de pratique, que d'autres dons vous sont révélés qui vous aideront à finaliser l'un ou l'autre de vos travaux créatifs. Par exemple, lorsque vous êtes en méditation créative, vous pouvez découvrir que vous devez également ajouter une nouvelle couche à vos œuvres créatives choisies, car la pratique permet à votre intuition d'être en phase avec votre création.

Gardez la tête haute
Croyez en vos talents et vos capacités. Croyez en vos forces. N'oubliez pas que de petites graines se transforment en séquoias massifs et majestueux qui résistent à l'épreuve du temps.

Donnez aux gens le temps de créer des liens
Les connexions prennent du temps – alors créez ce temps. L'une des grandes erreurs des dirigeants est de mettre les gens dans une salle de conférence stérile et d'attendre d'eux qu'ils trouvent des idées brillantes, sur demande. Pourquoi ne pas donner aux gens le temps de laisser leur cerveau travailler sur la problématique, en expliquant/définissant la situation, puis en posant la question qui vous intéresse... ?

Créez des liens

Pendant que vous essayez de résoudre un problème particulier, gardez cette idée à l'esprit. Cherchez consciemment des liens entre tout ce que vous faites, regardez et lisez par rapport à votre problème. Lorsque vous mettez votre problème au centre de votre esprit et que vous cherchez consciemment, vous pourriez être surpris des liens que vous trouvez. Mais pour renforcer cette idée à court et à long terme, assurez-vous que vous mettez la dernière pièce du puzzle...

Restez flexible

Comme le roseau, pliez mais ne rompez pas. Soyez prêt à changer votre ligne de conduite si quelque chose ne fonctionne pas pour garder votre rêve en vie.

Emportez un carnet de notes avec vous

Si vous souhaitez devenir plus créatif, vous devez être sûr d'être prêt à faire face à la motivation, car elle peut frapper partout. Gardez un carnet et un stylo sur vous ou avec vous en permanence afin de pouvoir noter toutes les idées qui vous viennent, sinon vous risquez de les oublier. De plus, le fait d'avoir toujours un cahier signifie que vous aurez un endroit où écrire les listes que vous ferez.

Posez-vous des questions

Chaque fois que vous avez l'impression de vous heurter à un mur créatif, essayez de vous poser des questions au sujet de ce sur quoi vous vous concentrez ou ce que vous essayez de résoudre. Même si ces questions vous semblent insensées et que vous n'avez pas de réponse, posez-les-vous quand même, comme si vous étiez une autre personne intéressée par l'assemblage de votre projet. En vous forçant à formuler ce sur quoi vous vous concentrez, que ce soit à haute voix ou par écrit, vous pourrez voir quels sont les domaines sur lesquels vous devez vous concentrer et ce qui doit être modifié. Si vous vous posez une question dont vous ne connaissez pas la réponse, vous pourriez découvrir une nouvelle perspective.

Mettez-vous en veilleuse

Arrêtez-vous et recentrez-vous si vous avez besoin de repréciser ou de réévaluer votre orientation. Votre objectif vous échappe-t-il ? Est-il réaliste, ou quelque chose en quoi vous croyez encore ? Si ce n'est pas le cas, réinventez-vous, ou abandonnez votre objectif pour un nouveau, plus pertinent et plus inspirant !

Continuez à grimper

Vous prendrez de nombreuses décisions intuitives en suivant votre rêve, choisissez les meilleures voies (les branches les plus solides) pour continuer à grimper vers le haut.

Recherchez des connexions

Lorsque vous résolvez un problème ou recherchez des idées créatives, demandez aux gens ce que cette situation leur rappelle dans leurs expériences de vie. Cette stratégie permet aux gens de ne pas se concentrer uniquement sur les spécificités du problème et laisse leur cerveau chercher ces connexions — et ce n'est pas grave si elles viennent d'endroits vraiment étranges. Le but ici est l'idée qui en résulte, pas d'analyser d'où vient la connexion.

Amusez-vous bien dans votre arbre

Appréciez le processus de réalisation de vos rêves ! Il s'agit d'une partie très spéciale de qui vous êtes, vous voulez donc vous assurer qu'elle reflète votre vraie nature et votre bonheur.

Créez de nouvelles connexions

Si la créativité consiste à créer des liens, alors pour être plus créatif, nous devons faire l'expérience de choses plus diverses. Rester assis sur le canapé à regarder la télévision tous les soirs ne suffit pas, pas plus que de lire les mêmes magazines, d'assister aux mêmes conférences et de parler aux mêmes personnes au travail. Faites en sorte que votre stratégie consiste à introduire constamment de nouveaux éléments dans votre expérience de vie. Après tout, si George et son chien n'allaient pas se promener dans les bois, nous n'aurions peut-être toujours pas de Velcro.

Laissez vos racines créatives nourrir votre croissance. Suivez le chemin intuitif qui est important pour la personne que vous souhaitez devenir. Créez des opportunités qui incorporeront la racine de votre bonheur dans votre vie quotidienne et soyez prêt à grimper votre arbre vers le succès créatif avec la joie dans votre cœur.

« Il est difficile de réaliser à quel point une grande partie de tout ce qui est gai et délicieux dans les souvenirs de notre propre vie est associée aux arbres. » Wilson Flagg.

LE MOTEUR CLÉ DU SUCCÈS CRÉATIF

Qu'est-ce qui vous pousse à réussir en tant que créatif ? Est-ce le rêve de la gloire, de la richesse et de la reconnaissance ? Est-ce l'idée de voir votre nom en lumière qui vous fait sortir du lit le matin ? Avoir un objectif aussi fort et clair est une motivation certaine et, si vous travaillez dur et payez votre dû, vous pouvez parfaitement atteindre cet objectif. Cependant, si vous voulez réussir sans avoir l'impression de vous battre dans la vie, votre motivation à sortir de votre lit confortable le matin doit venir d'ailleurs. Il doit y avoir un moteur de motivation encore plus grand.

Avoir de l'ambition et vouloir réussir est une bonne chose, mais ce n'est pas suffisant. L'ambition et la volonté ne sont que des mots qui décrivent le désir. Comprendre POURQUOI vous avez de tels désirs est une tout autre chose. Le vrai génie, le vrai art sous toutes ses formes, vient de la passion. Les grands acteurs ne le sont pas grâce à leur technique. Tout le monde peut apprendre la technique. Ils touchent un public en tant que grands acteurs grâce à leur passion. La passion est le moteur qui pousse chaque os et chaque souffle de votre corps à se réaliser.

« Mes passions étaient toutes rassemblées comme des doigts qui forment un poing. Le dynamisme est considéré aujourd'hui comme une agression ; je le connaissais alors comme un but. » Bette Davis

Si vos désirs ne sont pas alignés avec votre passion, vous pouvez réussir, mais vous ne serez pas comblé, pas satisfait. Vous vivrez une vie riche et célèbre et vous aspirerez toujours à cette chose insaisissable. Vous vous lèverez le matin en vous demandant ce qui ne va pas chez vous. Vous avez tout ce que vous désirez et pourtant vous sentez qu'il vous manque encore quelque chose. Il vous manque la nourriture qui alimente votre âme, votre cœur.

Avant tout, soyez fidèle à vous-même, et si vous ne pouvez pas y mettre votre cœur, sortez-en. Suivez votre cœur, mais restez d'abord tranquille pendant un certain temps. Posez des questions, puis ressentez la réponse. Apprenez à faire confiance à votre cœur. Lorsque le travail, l'engagement dévoué et le plaisir s'unissent pour ne faire qu'un et que vous atteignez ce puits profond où vit la passion, rien n'est impossible. Grâce à l'expérience de la passion dévouée, vous récolterez des connaissances plus riches que celles que peut vous apporter un livre ou un cours.

« Ce qui se trouve derrière nous et ce qui se trouve devant nous sont des questions minuscules par rapport à ce qui se trouve en nous. » Ralph Waldo Emerson

Ce dévouement à la passion authentique comporte toujours et absolument une exigence et une responsabilité. C'est à vous d'honorer et de vous tenir centré dans la vérité de qui vous êtes. Parlez et agissez dans le sens de vos passions les plus intimes. Si vous ne le faites pas, vous trahissez votre propre authenticité. Si vous trouvez des excuses et des raisons pour ne pas poursuivre votre passion, vous cachez votre véritable patrimoine. Vous êtes de mauvaise foi. Vous vous « dévalorisez ».

Il faut savoir que la passion sans action n'est qu'un rêve. Pour actualiser votre passion, pour faire naître votre rêve dans le monde, vous devez faire quelque chose ! C'est là que le détracteur intérieur peut intervenir, et le fait souvent, pour vous retenir. Que se passerait-il si vous vous mettiez vraiment en avant, si vous vous mettiez à nu devant le monde en suivant hardiment le désir de votre cœur et si vous échouiez ? Que se passerait-il alors ? Allez-vous simplement dépérir et mourir ? Sinon, qui serez-vous ? Des pensées très effrayantes !

Vous ne mourrez pas. Votre engagement envers votre vérité et votre passion vous incitera à respecter vos actions et votre réaction face aux opinions des autres. L'échec n'est qu'un tremplin sur la route du succès. Votre passion vous incitera à regarder les pierres sur lesquelles vous avez trébuché, à les examiner et à surmonter tous les obstacles qui se dressent sur votre chemin. Vous aimerez faire des erreurs, apprendre et grandir à mesure que vous développerez et exprimerez pleinement votre passion et vos talents, qui sont votre droit de naissance. Quelles que soient les luttes que vous rencontrerez, vous les affronterez avec enthousiasme, car elles valent bien le voyage de votre vie !

« Nos passions sont les vents qui propulsent notre navire. Notre raison est le pilote qui le dirige. Sans vents, le navire ne bougerait pas et sans pilote, il serait perdu. » Proverbe anonyme

VAINCRE LA PEUR POUR FAIRE PREUVE DE CRÉATIVITÉ

Depuis votre enfance jusqu'à aujourd'hui, dans quelle mesure avez-vous été créatif ? Si ce n'est pas du tout le cas, pourquoi ? Vous êtes déjà une personne créative pleine d'idées que vous n'utilisez pas à votre avantage.

Le livre que je peux vous recommander est *La confiance créative* de Tom et David Kelley. Ces frères, partenaires et fondateurs de l'organisation IDEO, examinent l'idée que les gens sont créatifs même si beaucoup ne se considèrent pas comme tels.

L'essentiel est que vous avez peut-être vécu un événement négatif lorsque, enfant, vous essayiez d'être créatif et innovant et que d'autres personnes portaient des jugements ou critiquaient votre travail. Vous êtes alors devenu sensible à ce qui était dit et l'avez pris à cœur. Cela a peut-être suffi pour que vous cessiez de montrer votre créativité aux autres.

D'autre part, à l'école, lorsque vos camarades de classe ont progressivement cessé d'être créatifs et innovants, vous avez également cessé de l'être. C'est là que Gordon McKenzie, un directeur de la création de Hallmark Greeting Cards, a documenté le travail de décoloration de la créativité à l'école. Il a observé que les enfants de maternelle et de première année avaient l'impression d'être des artistes à deux mains lorsque McKenzie leur demandait « Combien d'artistes y a-t-il dans cette pièce ? » Il a constaté qu'à partir de la quatrième année, le nombre de créatifs s'estompait pour atteindre environ 50 %. Puis en sixième année, le nombre d'artistes créatifs se réduisait à seulement 2 ou 3 dans une classe de 25 à 30 enfants.

Puisque tout le monde est créatif, la plupart des gens n'utilisent pas leur pensée créative en faisant l'effort de trouver des idées sur lesquelles ils peuvent travailler. Au lieu de cela, ils croient qu'ils ne sont pas créatifs et gardent cela en eux comme une peur. La peur est le principal obstacle à la réussite créative.

Afin de réduire, voire d'éliminer vos craintes en matière de créativité et de retrouver votre confiance créative, le psychologue Albert Bandura de l'université de Stanford a mis au point la maîtrise guidée. Ce problème vous aide à examiner vos croyances, votre efficacité et la manière de vous améliorer par le biais d'activités graduelles réussies. Ces activités créatives deviennent plus difficiles au fil du temps. Elles abordent également les peurs que vous avez et vous aident à aller de l'avant. Comprenez que si vous n'êtes pas confiant, vos peurs vous empêcheront de le devenir.

La créativité et l'innovation sont largement reconnues comme des éléments moteurs permettant à votre entreprise de prospérer au-delà du mode de survie. La plupart des employeurs d'aujourd'hui embauchent des personnes créatives et innovantes. Ils doivent le démontrer lors des entretiens d'embauche en leur posant diverses questions créatives. Celles-ci vont au-delà de la question posée par Microsoft à ses débuts, à savoir « Pourquoi une plaque d'égout est-elle ronde ? ».

En comprenant la confiance créative, vous commencerez à comprendre comment vous pouvez créer un meilleur vous en libérant votre potentiel créatif au-delà de vos attentes.

« La créativité est un grand facteur de motivation, car elle fait que les gens s'intéressent à ce qu'ils font. La créativité donne l'espoir qu'il peut y avoir une idée valable. La créativité donne la possibilité à chacun de réaliser quelque chose. La créativité rend la vie plus amusante et plus intéressante. » Edward de Bono

DIX OBSTACLES À LA CRÉATION

Pour rester compétitif dans le monde du travail actuel, vous devez faire appel à votre imagination et à votre créativité. Ces dons innés ont le potentiel de nous donner un avantage dans les affaires et dans la vie, pourtant nous sommes souvent bloqués et ne parvenons pas à accomplir les projets que nous avons l'intention de réaliser.

La créativité est l'un des talents humains les plus essentiels. Vous disposez de toute la créativité dont vous avez besoin pour atteindre vos objectifs. Vos idées créatives vous fournissent des outils pour relever les défis et faire face à l'adversité.

La créativité signifie, par définition, le changement. Il existe souvent une forte résistance au changement, il est donc naturel que des obstacles se dressent sur notre chemin. Il existe des obstacles intérieurs et extérieurs qui éclipsent votre processus et vos projets créatifs. Comment débloquer la créativité qui est en vous ? Voici dix obstacles spécifiques à la réussite créative en entreprise, et quelques idées pour les surmonter.

Confusion et indécision

Trop d'idées, si peu de temps ! Nous avons souvent des idées ou des objectifs contradictoires. Souvent, nous avons des intentions contradictoires qui ont tendance à s'annuler mutuellement – par exemple, vouloir faire plus d'affaires tout en voulant aussi avoir plus de temps libre. L'effet est que rien ne se passe, et nous ne pouvons pas décider quel objectif choisir.

Conseil de pro

Concentrez votre intention et dynamisez votre volonté pour faire des choix clairs, établir des priorités et passer à l'action. Entraînez votre esprit et votre sagesse intérieure à trouver les réponses que vous avez déjà en vous. Faites confiance à votre intuition ; elle vous guidera toujours vers la prochaine bonne action. Fixez des priorités, choisissez, agissez.

Manque d'inspiration

Beaucoup de gens disent qu'ils attendent l'inspiration avant de commencer un projet créatif. C'est souvent une longue attente !

Conseil de pro

Entourez-vous d'inspiration. Soyez ouvert à l'inspiration qui vous entoure, à chaque instant. Savourez les merveilles du quotidien et emportez avec vous un journal pour y noter des idées aléatoires. Allez dans des endroits qui stimulent votre imagination, par exemple des galeries d'art, des musées ou des spectacles de théâtre, de musique ou de danse. Si vous êtes bloqué dans votre recherche d'une solution, allez faire quelque chose de complètement différent. Lorsque Einstein était bloqué sur un concept difficile, il allait souvent dans une autre pièce pour jouer du violon. Une solution lui venait souvent à l'esprit lorsqu'il revenait au problème. Le fait d'exercer son esprit d'une manière différente stimulait sa créativité pour le travail qu'il faisait.

Engagement excessif et surcharge de travail
L'accablement peut être décrit comme le fait d'avoir trop à faire, ou d'avoir l'impression que ce que vous avez à faire est trop important. Les distractions nous empêchent d'utiliser notre temps de manière productive et contribuent au sentiment d'accablement. Dire oui à toutes les demandes qui vous sont faites et assumer trop de responsabilités peut rapidement conduire à l'épuisement.

Conseil de pro
La créativité a besoin de temps et d'espace pour s'épanouir. Ralentissez et réduisez vos engagements. Apprenez à dire non. Dressez une courte liste de ce qui est important pour vous et auquel vous direz oui, et dites non à tout le reste. Donnez à votre esprit le temps de vagabonder.

Manque de vision
De nombreuses personnes ont une vision trop restreinte de ce qu'elles peuvent potentiellement accomplir. Elles restent dans la zone de confort de ce qu'elles imaginent être actuellement possible pour elles. Elles n'utilisent pas leur imagination pour voir plus grand et ne s'attendent pas à un résultat positif.

Conseil de pro
Voyez grand ! Affinez vos capacités de visionnaire. Prenez le temps de rêver, de visualiser un résultat positif et de développer une vision forte et convaincante de ce que vous voulez créer. Écrivez votre vision comme si elle se produisait en ce moment même, dans le présent, et entrez en contact avec les émotions et les sensations que vous ressentez lorsque vous imaginez votre vision accomplie. Faites une carte mentale pour capturer toutes vos grandes idées. Créez une « toile de vision » – un collage qui représente votre vision – en plaçant des images et des mots sur le papier.

Désordre
Le désordre est souvent un symptôme de travail inachevé, d'indécision, de procrastination et de désorganisation. Il représente le passé. La créativité est dans l'avenir.

Conseil de pro
Maintenez un environnement inspirant, non encombré et propice à votre travail. Créez un espace pour votre travail créatif distinct de celui où vous payez vos factures et avez des responsabilités, afin que votre imagination créative puisse s'épanouir.

Pas de plan d'action clair
Une pensée trop vague ou l'absence de réflexion sur un plan ou un calendrier de projet ou sur les petits objectifs qui pourraient vous rapprocher de votre grand objectif créatif stoppera net toute action créative.

Conseil de pro

Créez un plan d'action simple, donnez-vous un délai et soyez responsable des engagements que vous prenez envers vous-même.

Vous pouvez apprendre à compter sur votre créativité pour améliorer la qualité de votre vie et de votre entreprise. En agissant sur l'un des points ci-dessus, vous vous mettrez sur la voie de l'accomplissement des choses qui comptent vraiment pour vous et de la réalisation de vos projets les plus significatifs et les plus créatifs.

Pensée déséquilibrée

Les hommes et les femmes créent différemment. Les hommes créent généralement de manière linéaire, étape par étape, alors que les femmes créent de manière plus holistique, en spirale. Les hommes ont tendance à commencer par A et à finir par Z, tandis que les femmes voient l'ensemble du tableau d'un seul coup, puis trient les détails dans un ordre aléatoire.

Conseil de pro

Prenez conscience de votre style préféré de pensée et de création. Équilibrez la pensée linéaire et la pensée holistique. Équilibrez l'imagination et la stratégie. Équilibrez la pensée du cerveau gauche avec les activités du cerveau droit.

Procrastination

La procrastination, l'habitude de repousser les tâches à la dernière minute, peut être un problème majeur dans les affaires. Les occasions manquées, les heures de travail frénétiques, le stress, l'accablement, le ressentiment et la culpabilité ne sont que quelques-uns des symptômes.

Conseil de pro
Si vous considérez une tâche comme un grand tout que vous devez achever, vous êtes pratiquement sûr de la remettre à plus tard. Divisez vos projets en petites tâches et agissez sur celles-ci. Le fait de penser que vous devez absolument faire quelque chose est une raison majeure de procrastination, alors donnez-vous la permission de ne pas faire ce que vous ne voulez vraiment pas faire. Même si cela peut avoir de graves conséquences, vous êtes toujours libre de choisir. La procrastination devient moins probable pour les tâches que vous choisissez ouvertement et librement d'entreprendre.

Isolement
Les personnes créatives sont souvent seules avec leur vision et leurs idées. La créativité ne peut pas exister dans le vide.

Conseil de pro
Lorsque vous vous sentez seul sur votre chemin, n'oubliez pas que vous pouvez partager votre parcours. Le soutien des autres est essentiel pour le brainstorming, l'inspiration, l'encouragement et la responsabilisation. Partagez vos idées avec des personnes positives. La connexion avec d'autres âmes créatives fait démarrer votre créativité plus rapidement que tout autre chose.

Bavardage négatif de l'esprit

Les doutes, les craintes, les anxiétés, les inquiétudes et autres pensées négatives entravent l'esprit créatif.

Conseil de pro

Il existe de nombreuses stratégies pour se sortir de l'impasse lorsque le critique intérieur vient frapper à votre porte. Soyez ami avec cette voix négative dans votre esprit. Remplacez les pensées négatives ou inconscientes par des pratiques destinées à exploiter vos forces créatives. Essayez de ne pas vous juger ou de ne pas vous critiquer pendant les moments de création. Donnez-vous la permission d'échouer. Passez de la pensée « Je ne suis pas une personne créative » à « J'apporte de la créativité et de l'imagination dans tout ce que je fais ».

LIBÉREZ LE POUVOIR DE L'INTUITION

Le pouvoir de l'intuition

Les perceptions sont les jumelles à travers lesquelles vous voyez habituellement les choses. Parfois, la façon dont les choses apparaissent n'est pas la façon dont elles sont, mais elles vous apparaissent de la façon dont vous les voyez, juste à cause de vos préjugés basés sur vos perceptions antérieures. Les perceptions sont trompeuses, car elles ont tendance à se plier aux incidences que l'on subit.

Cependant, il existe une force au fond de vous qui surpasse votre perception et modifie la sensation en un sens plus fort qui est en fait plus proche de la réalité ; c'est l'intuition.

L'intuition est un sentiment d'alarme qui aide notre perception à se concentrer sur la façade réelle de la situation et vous permet de former des jugements positifs ou de décider d'agir ou de rester inactif. L'ironie est qu'il s'agit d'un trait abandonné par les gens et généralement par un individu qui ne cherche pas seulement les faits terrestres, mais néglige également le signal naturel qui est le système guidé pour vous aider à éviter les dangers à venir, mais vous donne également des indications sur la bonté sous-jacente d'une incidence.

La question se pose alors de savoir ce que nous pouvons faire pour profiter de cette bénédiction. Tout d'abord, nous devons apprendre à prêter attention à ces voix intérieures en nous qui peuvent être, par exemple, la voix de notre conscience ou une douleur dans notre estomac. Quelle que soit la forme qu'elles prennent, elles doivent nous être présentées avant que nous puissions nous faire une opinion ou prendre une décision. Une fois que nous nous habituons à écouter cette petite voix sensorielle, nous nous trouvons dans une meilleure situation pour analyser une situation et évaluer le pour et le contre de notre réaction à cet état particulier des choses.

Il s'agit maintenant de donner une chance à notre intuition. Pourquoi est-ce une chance ? Il se peut qu'elle se trompe parfois ou qu'elle aille à l'encontre de vos attentes, contrairement au paradigme dominant du « système de guidage universel ». Mais là encore, ce sens a besoin de temps et d'expérience, avec la proportion d'échecs qui lui est permise, pour se renforcer et lui permettre d'établir les meilleures notions possibles sur la base desquelles il modifie son cours d'inférence afin de se rapprocher le plus possible des décisions fondées sur la réalité et de placer votre esprit dans les bonnes dimensions de la voyance.

Lorsque ce sentiment instinctif est nourri, il incarne le critère structuré dans votre esprit pour évaluer un cas concret avant d'arriver à une opinion ferme ou à une conclusion solide. C'est maintenant le moment de récolter ce que vous avez semé. Vous avez réussi à réveiller le mécanisme naturel en vous qui est le mentor de vos véritables normes de vie définies, de vos modèles de travail, de la formation de vos habitudes ou de l'administration de votre comportement et c'est à ce moment-là que votre maturité prend le dessus.

Le pouvoir de l'intuition est infini par nature et, s'il est renforcé par des outils neurolinguistiques avancés, il canalise une germination d'énergie en vous et vous aide à devenir un individu doté de capacités extraordinaires, que l'on retrouve généralement chez les meilleurs leaders, fondateurs ou agents de changement du monde, car ils contrôlent fermement leur intuition et mènent une vie remplie de merveilles exceptionnelles, de manœuvres admirées et de services reconnus à l'humanité.

VIES RÉUSSIES, PERSPECTIVES RÉUSSIES

Toutes les choses n'existent qu'en relation avec d'autres choses. Si une seule chose existait, il n'y aurait aucun moyen de la comparer ou de la référencer à quoi que ce soit d'autre. Elle serait invisible, car elle serait tout ce qu'il y a. Nous cherchons donc à acquérir une perspective ou « un point de vue spécifique pour comprendre ou juger des choses ou des événements, en particulier un point de vue qui les montre dans leurs véritables relations les uns avec les autres ». Nous faisons cela afin de voir les choses dans leurs véritables relations les unes avec les autres. En conséquence, nous acquérons une perspective pour voir non pas ce que nous aimerions voir, mais pour voir les choses telles qu'elles sont.

Quel est donc le rapport entre l'acquisition d'une perspective et le succès ? Tout ! Parce que voir les choses telles qu'elles sont, c'est avoir un point de référence solide, et plus ce point est solide, plus il sera facile de l'utiliser comme rampe de lancement pour votre succès. Les rampes de lancement doivent reposer sur des bases solides, sinon tout ce que vous lancez à partir de cette rampe n'ira nulle part. Par exemple, si nous utilisons la méthode « fake it till you make it » (faites semblant, ça sera payant) pour la richesse, nous nous dirons que nous sommes riches, alors que nous ne le sommes pas. Ce n'est pas une perspective particulièrement solide. Pas quand il est de loin préférable de dire simplement « Hé, je ne suis pas riche en ce moment » que de dire que vous êtes quelque chose que vous n'êtes pas.

Parce que si nous nous entraînons à mentir dès le début, nous finirons par en arriver à faire d'autres choses, peut-être encore plus autodestructrices, comme nous convaincre que ce que nous faisons nous rend heureux, alors que ce n'est souvent pas le cas. Nous avons tous déjà vécu la douloureuse épreuve d'essayer de nous extraire d'un mensonge que nous nous étions raconté à nous-mêmes. Nous n'avons plus besoin de cette méthode qui gaspille notre énergie et nous éloigne de notre succès.

Ce dont nous avons besoin, c'est d'une perspective. Ou d'une comparaison des éléments de notre vie d'une manière qui fait que toute l'énergie que nous consacrons à l'entretien de ce que nous ne voulons pas y trouver est déplacée vers ce que nous voulons y trouver. Par exemple, puisqu'il s'agit d'un exemple facile à montrer et à compter, que diriez-vous d'être riche ? Si nous regardons notre vie et voyons que nous ne sommes pas riches, qu'est-ce que cela signifie ? Cela signifie que nous ne sommes pas riches actuellement. Point final. Fin de l'histoire. Rien de plus. C'est tout. Sérieusement ! Ce que signifie ne pas être riche (ou ne pas être quoi que ce soit d'autre : heureux, en relation, compétent dans un domaine particulier) est exactement cela, et rien de plus. Dans ce cas, cela signifie que nous ne sommes pas, en ce moment, riches. Pouvons-nous alors prévoir d'être riches, si nous ne le sommes pas actuellement ? Bien sûr, et cela fonctionne ! Après tout, que ferions-nous d'autre ? Nous sommes des humains, pleins d'envies et de désirs. Et si nous désirons décoller d'une rampe de lancement solide, la vérité est toujours la meilleure solution. Les mensonges sont des choses fragiles, pas solides du tout. La vérité est solide, propre, stable et toujours juste.

Par exemple, en utilisant des affirmations, j'entends souvent des gens dire « Je suis riche » alors qu'il est évident qu'ils ne le sont pas, pas de la manière dont ils le disent en tout cas. Leur vie peut en fait être riche, riche en amour, en relations ou en talents, mais ils disent avec leurs affirmations qu'ils ont beaucoup d'argent, alors qu'en vérité, ce n'est pas le cas. Il serait bien plus efficace pour eux de dire « Je suis de plus en plus riche tout le temps, à chaque instant ». Ensuite, même s'ils ramassent un centime par terre, leurs mots d'affirmation seront solides. Car ce centime représente bien, aussi infime soit-elle, une part d'un million d'euros. Dans cette façon de vivre des perspectives précises, chaque affirmation pour chaque utilisation à laquelle vous pouvez penser peut être modifiée pour refléter cette perspective de la vérité. Avec cette méthode « dire la vérité maintenant, dire la vérité plus tard », nous nous donnons la base la plus solide possible pour lancer nos nouveaux désirs et leur succès continu.

Il y a également un élément secondaire de la perspective et de sa relation avec le succès qu'il est utile d'examiner, à savoir que même lorsque nous avons du succès, avons-nous toujours cette impression de nous-mêmes ? Non, certainement pas. Ce que nous faisons en tant qu'êtres humains, c'est que nous avons le sentiment de réussir quand nous réussissons, et de ne pas réussir quand nous ne réussissons pas. Est-ce que quelqu'un peut se sentir heureux tout le temps ? Pas une seule personne que j'ai rencontrée, et j'en ai rencontré quelques-unes. Dans cette perspective de réussite, ce que nous faisons, c'est nous accorder une pause. Tout comme devenir riche, devenir heureux ne consiste pas à atteindre cet état de façon continue, à chaque instant. Lorsque nous essayons et tentons de nous accrocher à notre bonheur de cette manière, que se passe-t-il ? Il disparaît. Il disparaît, parce qu'à travers notre concentration obsessionnelle sur lui, il nous apparaît à ce moment-là comme étant tout ce qui existe. Alors sans perspective, notre bonheur disparaît tout simplement ! Wouah ! Donc, le fait de s'en débarrasser afin d'avoir une perspective permet d'apporter plus d'expérience du bonheur dans nos vies ? Bien sûr que oui ! Et la perspective permet aussi d'inviter nos richesses. Parce qu'une fois que nous laissons aller tout ce que nous ne sommes pas, riches, alors tout à coup ce qui semble se produire est que nous nous permettons d'expérimenter les richesses que nous avons. Faire l'expérience des richesses que nous avons nous amène à les apprécier, et comme on nous l'a dit un million de fois, l'appréciation est l'état d'être qui nous permet d'attirer à nous plus de ce que nous apprécions. Et ces richesses ? Elles peuvent arriver sous toutes les formes possibles, sous toutes les formes que nous disons vouloir.

La beauté de cette méthode consistant à dire la vérité est que si nos richesses ne se sont pas encore manifestées sous forme d'argent, nous pouvons simplement le dire. Plus besoin de faire semblant. Plus besoin de consacrer notre énergie à essayer de maintenir la façade d'un mensonge. Et c'est le fait d'avoir cette perspective de ce qui ne s'est pas encore manifesté qui nous permet ensuite de contraster ce qui est à venir avec ce qui existe maintenant, d'une manière qui nous permet réellement d'avoir notre nouvelle richesse. Dans le séminaire en ligne que je propose, la richesse est définie comme « une augmentation dans tout domaine de votre vie qui est important pour vous ». Nous n'avons même pas besoin de créer notre argent, l'hôtel de la Monnaie l'a déjà imprimé. Nous ne devons pas nécessairement travailler dur pour notre argent non plus, il est fort probable que nous ayons déjà essayé cette méthode aussi. Tout ce que nous devons faire, c'est dire la vérité sur nous-mêmes et sur notre relation à l'argent, et avec cette nouvelle perspective de réussite, faire en sorte que la route vers notre argent soit pavée des moyens les plus efficaces possibles pour qu'il arrive en douceur sur le pas de notre porte.

Vous vous dites peut-être : « Qu'est-ce qu'elle dit ? Que dans la réalité, dans le temps et l'espace réels, je n'ai besoin de rien faire pour devenir riche ? » Cela n'a aucun sens ! Vous avez raison ! Ne pas agir n'a aucun sens, et ne vous apportera pas d'argent. Et ne vous procurera pas non plus la relation que vous désirez, ou la carrière, ou la vie de famille que vous voulez. Mais prendre les bonnes actions, surtout quand ces actions sont internes, a du sens. Beaucoup plus de sens que d'utiliser votre énergie à faire ce qui ne vous apportera pas ce que vous voulez. L'action, ou la perspective de réussite, dont je parle ici, consiste à travailler sur votre état d'être interne, plus souvent qu'autrement, et plus important encore, à y travailler en premier lieu, comme première action vers votre réussite, et avant de prendre toute autre mesure.

Pensez-y de la manière suivante. Si vous pensez que « rien ne marche jamais pour moi » en ce qui concerne les rencontres, et que vous planifiez et travaillez dur pour trouver « la bonne personne », que pensez-vous qu'il va se passer ? Ce qu'il va se passer, et je peux vous le garantir, c'est que vous ne trouverez pas du tout la bonne personne. Parce que votre rampe de lancement interne est si faible que lorsque vous prenez des mesures, elles ne vous permettront pas d'atteindre votre objectif. Au lieu de cela, vous pourriez simplement commencer par vous demander quelle est la vérité, ce qui reviendrait à vous demander « Qu'est-ce que cela signifie que les rencontres n'ont pas encore marché pour moi ? ». Puis répondez à votre propre question par la vérité : « Ce que cela signifie, c'est que les rencontres n'ont pas encore marché pour moi », et c'est tout. La réalité actuelle ne signifie pas que rien ne fonctionnera pour vous maintenant, ni que rien ne fonctionnera pour vous à l'avenir. Ce que la réalité actuelle signifie, c'est que rien n'a encore fonctionné pour vous. Dire que parce que quelque chose, n'importe quoi, s'est passé d'une certaine façon, ce fait exclut la possibilité que quelque chose de nouveau se produise maintenant ou dans le futur, est un mensonge. Et lancer votre odyssée vers le succès dans n'importe quel domaine de votre vie sur la base d'un mensonge, c'est comme essayer de pousser un navire de guerre loin d'un quai fait de nouilles trempées dans l'eau depuis trois ans. Vous pouvez prendre toutes les mesures du monde, mais ce navire ne bougera pas.

Quelle est donc la perspective de réussite dont nous avons besoin pour réussir réellement, et dans tous les domaines de notre vie où nous souhaitons réussir ? C'est la perspective « dire la vérité maintenant, dire la vérité plus tard », directement tirée du livre *One Penny Millionaire* (TM). C'est celle qui, par le biais de la fondation de la vérité, fait que chaque détail de notre vie est exactement comme il est, sans valeur et sans signification ajoutée à un seul de ces éléments. Vous n'êtes pas riche ? Génial ! Vous n'êtes actuellement pas riche. Cela signifie quelque chose ? Certainement. Cela signifie que vous n'êtes, en ce moment, pas riche. Pas en couple ? Super aussi ! Qu'est-ce que ça veut dire ? Cela signifie qu'actuellement, en ce moment même, vous n'êtes pas en relation. Est-ce que l'un de nos faits actuels a quelque chose à voir avec les prochains moments que nous allons vivre ? Non, pas du tout. Jamais. Parce que c'est un univers où la seule constante est le changement, croire que ce qui était déterminera ce qui sera est contre-intuitif à tout ce qui est. Ce serait avoir la perspective que tout reste toujours identique, et cette perspective d'invisibilité n'est pas une perspective de succès.

Étant donné que nous vivons dans un univers en constante évolution, que diriez-vous de changer votre perspective en une perspective de succès ? Et puisque rien ne reste jamais pareil, que diriez-vous de laisser tomber cette perspective de temps en temps, afin de pouvoir la faire réapparaître, et toujours d'une manière nouvelle, plus profonde et plus approfondie ? Et encore, et encore, et encore. Parce que tout comme le bonheur, ou le fait de se sentir de telle ou telle façon, nos sentiments ne seront jamais les mêmes tout le temps. Si nous nous détendons, et nous coulons dans cette vérité, surtout en disant la vérité à ce sujet comme nous le faisons maintenant, alors que se passe-t-il ? Tout à coup, en prenant cette mesure interne de lâcher prise, et en arrêtant de donner un sens aux événements de notre vie, le succès peut avoir un peu d'espace pour se manifester de manière inimaginable ! C'est ça, le vrai succès ! Et il se manifestera aussi de toutes les manières dont nous disons vouloir réussir. Il s'agit d'une perspective de réussite qui nous permet d'écrire cette grande autorisation au fond de nous-mêmes d'une manière plus importante que jamais auparavant. Et tout cela se produit avec le temps, en acquérant une nouvelle perspective, une perspective de succès.

LES SECRETS DE LA RÉUSSITE – LE SUCCÈS EST SIMPLE : FAIRE CE QU'IL FAUT, DE LA BONNE MANIÈRE, AU BON MOMENT

QU'EST-CE QUE LA RÉUSSITE ?

Pour de nombreuses personnes, la réussite se définit principalement par des objectifs financiers et/ou professionnels. Si vous réussissez dans votre travail, si vous gagnez beaucoup d'argent, alors vous avez réussi. Bien que la réussite financière soit certainement une partie de la réussite globale, cette définition est vraiment très restrictive. Si quelqu'un a 30 millions d'euros en banque, mais pas d'amour dans sa vie, est-ce une réussite ? Si le millionnaire a une mauvaise santé ou est spirituellement insatisfait, peut-il être défini comme quelqu'un qui a réussi ? Alors, vraiment, qu'est-ce que le succès ? Le dictionnaire Webster définit le succès comme : a) degré ou mesure de réussite ; b) résultat favorable ou souhaité ; également : obtention de la richesse, de la faveur ou de l'éminence ; c) celui qui réussit.

Créer l'abondance dans tous les domaines de la vie

« Quoi que l'on puisse dire à la gloire de la pauvreté, le fait demeure qu'il n'est pas possible de mener une vie vraiment complète, épanouissante ou réussie si l'on n'est pas riche. Vous ne pouvez pas vous élever à votre plus haut niveau de talent ou de développement de l'âme si vous n'avez pas beaucoup d'argent. Car pour épanouir l'âme et développer le talent, il faut avoir des choses à utiliser, et vous ne pouvez pas avoir ces choses si vous n'avez pas l'argent pour les acheter. » Wallace Wattles, The Science of Getting Rich.

Donc, je viens de dire dans la section précédente que la réussite financière n'est pas une définition complète de la réussite. Maintenant, je vous dis que je veux que vous soyez riche. Un message contradictoire ? Non, ce n'est pas le cas. Dans notre société, pour pouvoir voyager dans le monde entier, posséder la maison, le véhicule, les jouets de nos rêves, et avoir le temps de nous divertir, de méditer et de nous épanouir, nous devons avoir de la monnaie à échanger. Sans cela, nous sommes limités. Nos rêves sont limités. Ainsi, même si je ne crois pas que l'argent soit la seule clé du succès, il en est la première. Lorsque vous avez de l'argent, vous avez beaucoup plus accès à tout ce qui fait le succès et l'abondance de votre vie. Vous me suivez ? Allons-y !

LE SUCCÈS – POURQUOI VOUS LE MÉRITEZ

Votre corps, votre esprit et votre âme ont été conçus pour la plénitude et le bien-être. En raison d'influences culturelles, de pensées erronées ou simplement parce qu'elles ne savent pas quoi faire, de nombreuses personnes se sont éloignées de la voie du bien-être. Vivez-vous la vie que vous souhaitez ? Vos journées sont-elles remplies de joie, de paix et de prospérité ? Votre corps, votre esprit, votre âme et vos finances sont-ils là où vous voulez qu'ils soient ? Que vous soyez un scientifique et que vous l'appeliez Énergie ou un pratiquant d'une philosophie religieuse et que vous l'appeliez Dieu, Allah, Jéhovah, Yahvé, Grand Esprit, le Grand Je Suis ; ou que vous soyez quelqu'un qui pratique votre propre forme de spiritualité et que vous l'appeliez Source, Univers ou autre chose ; je crois qu'il y a une présence aimante et énergétique qui circule à travers chaque personne sur la planète. Quel que soit le nom que nous lui donnons, cette énergie source traite tout le monde de la même manière. Ce qui est disponible pour moi est disponible pour vous. Il n'y a pas une personne qui soit plus digne de réussir qu'une autre. Quel serait l'intérêt de cela ? Il n'y a aucune logique à cela. Vous méritez d'avoir une vie incroyable, réussie et abondante. Je le crois vraiment.

POURQUOI NE L'AVEZ-VOUS PAS ?

« *L'imagination est plus importante que la connaissance.* » Albert Einstein

Croyez-vous que vous méritiez un bien-être total ? Le croyez-vous vraiment ? Fermez les yeux maintenant. Allez-y, fermez-les et voyez dans votre esprit votre vie de bien-être complet et total. Combien d'argent avez-vous ? Comment est votre maison, votre voiture ? Et votre corps ? Imaginez que vous passez chaque jour du temps à réfléchir, à lire, à méditer ou simplement à vous détendre. Imaginez tout ce qui est bon et joyeux pour vous. Maintenant, voici la clé. Comment vous sentez-vous ? Comment vous sentez-vous au creux de l'estomac ? Vous sentez-vous fabuleux ? Êtes-vous ravi ? Excité ? Plein d'énergie ? Prêt à tendre la main et à toucher cette vie ? Ou bien, avez-vous un petit sentiment d'inconfort ? Vous le voulez. Vous en avez envie. Mais, allez, franchement. Vous ne pouvez pas avoir cette vie. Vous n'êtes pas assez intelligent, assez beau, assez talentueux. Oh, et puis il y a le fameux « Oui, mais ». Oui, mais je ne peux pas parce que je ne gagne pas assez d'argent. Oui, mais je ne me sens pas bien. Oui, mais mon conjoint m'a quitté. Oui, mais j'ai eu une enfance merdique. Vous savez quoi ? Les « oui, mais » peuvent durer éternellement. Ce sont des excuses. Et, ce qui est le plus important, c'est qu'elles vous empêchent d'avoir la vie que vous méritez. C'est un fait. J'ai aussi des « oui, mais ». Nous en avons tous. Il n'y a pas une seule personne sur la planète (même celles qui ont un succès fou) qui n'a pas eu un défi à surmonter. Et, pensez-y vraiment. Ne connaissez-vous pas des personnes moins douées que vous qui ont du succès ou du moins dans une certaine mesure ? Ne connaissez-vous pas des personnes qui ne sont pas aussi jolies ou séduisantes que vous, mais qui ont une vie amoureuse ou relationnelle extraordinaire ? Ne connaissez-vous pas au moins une personne aussi intelligente que vous... ou même moins intelligente, mais qui a obtenu un plus grand succès financier ? Je parie que oui. Je sais que j'en connais une. La seule chose qui se trouve sur votre chemin, c'est vous : VOUS avez tout le pouvoir. VOUS avez le pouvoir de changer les choses. Êtes-vous prêt ?

LES CLÉS DU SUCCÈS

Voici quelques clés pour réussir.

Concentrez-vous sur quelque chose que vous aimez
Pour augmenter vos chances de réussite, vous devez concentrer vos efforts sur quelque chose que vous aimez. Lorsque vous commencez, faites une liste de tout ce qui vous intéresse. Puis, dans une deuxième colonne, notez les compétences que vous possédez par rapport à chacun de ces éléments. Cela vous aidera à réduire les choix en fonction de votre intérêt et de vos compétences, ce qui vous mettra sur la bonne voie pour réussir.

Acceptez la responsabilité
Vous devez accepter la responsabilité si vous prenez une mauvaise décision ou si vous prenez du retard dans votre plan. Disons que vous avez fixé des étapes fermes à franchir pour passer à l'étape suivante. Cependant, vous en avez eu assez de travailler dur et vous avez pris du temps pour vous divertir, ce qui est bien tant que cela n'affecte pas vos objectifs. Les mois ont passé et vous avez pris beaucoup de retard. Ce retard vous a fermé plusieurs portes. Qui est à blâmer ?

Soyez heureux
Un esprit positif et une attitude joyeuse et optimiste vous aideront à réussir. De nombreuses études ont prouvé qu'une personne qui

vit dans un état de bonheur va généralement beaucoup plus loin dans tout ce qu'elle entreprend. C'est une question d'attitude. Tout comme une mauvaise attitude peut vous tirer vers le bas, une bonne attitude et un esprit heureux et sain vous aideront à atteindre vos objectifs.

Pas de raccourcis

Un vieux cliché dit : « Tout ce qui vaut la peine d'être fait mérite d'être bien fait ». Telle devrait être votre devise. Lorsque vous voulez réussir, vous ne pouvez pas vous permettre de prendre des raccourcis. Prendre des raccourcis conduit à l'imperfection et aux insuffisances. Cherchez toujours à obtenir le meilleur, même si cela demande un peu plus de temps et d'efforts.

Ayez du courage

En fonction de votre réussite spécifique, il vous faudra peut-être du courage pour arriver à la destination souhaitée. Par exemple, si vous rêvez d'être écrivain, pour vous, c'est le succès, mais selon les membres de votre famille qui sont tous devenus médecins, le seul succès dans leur esprit est que vous suiviez la voie médicale. Cela signifie que vous devrez avoir le courage de défendre ce que vous croyez et désirez faire, même si cela doit décevoir votre famille.

Réalisez votre potentiel

Pour réussir quoi que ce soit, vous devez vous rendre compte que vous avez le potentiel pour atteindre vos objectifs. Par exemple, si vous voulez devenir chanteur, mais que vous ne savez pas chanter, il est peu probable que vous réussissiez dans ce domaine. Cependant, si vous aimez travailler sur les voitures et que vous avez un réel talent pour réparer les moteurs et les transmissions, et que pour vous, le succès signifierait travailler pour NASCAR, vous avez le potentiel pour apprendre et atteindre ce succès.

Ne regardez pas en arrière

Tout le monde a connu des échecs ou des erreurs dans le passé. Pour réussir, vous devez apprendre de votre passé et valoriser ces leçons difficiles, mais ne vous attardez pas sur le passé. Il suffit d'aller de l'avant et de prendre de meilleures décisions, plus éclairées, à partir des leçons apprises.

Osez rêver

Pour réussir, vous devez avoir des rêves et des aspirations. Soyez honnête avec vous-même quant à ce que vous attendez de la vie et ce que vous voulez donner de votre vie. Permettez à votre esprit de rêver et de voir grand.

N'abandonnez pas

Pour réussir, il faut persévérer. Même Thomas Edison a dû apprendre cela. Lorsqu'il a créé l'ampoule à incandescence, il lui a fallu plus de 10 000 essais pour y parvenir. Continuez à vous efforcer, même lorsque cela devient difficile.

Ayez une attitude irrépressible

Vous devez être déterminé. Avec de bonnes intentions, il se peut qu'un ami proche ou un membre de la famille pense qu'il serait préférable que vous concentriez votre attention dans une autre direction. Gardez votre attitude inébranlable, déterminée à réussir.

Soyez proactif

Même s'il faut du temps pour apprendre à identifier les moyens d'éviter les obstacles ou les échecs, prenez l'habitude de vous attaquer aux problèmes avant qu'ils ne surviennent. Vous éviterez ainsi de perdre un temps précieux sur la voie du succès.

Restez motivé

Lorsque vous vous efforcez d'atteindre le grand objectif de la réussite, il est essentiel de rester motivé. Trouvez des cassettes, des séminaires, des livres, des films, tout ce qui peut vous inspirer et vous motiver. Lorsque vous commencez à vous sentir un peu déprimé et que le doute s'insinue en vous, tournez-vous vers ces outils de motivation pour vous aider à rester sur la bonne voie. Parmi les excellents motivateurs, citons Tony Robbins, Norman Vincent Peale, Jim Rohn, Zig Ziglar et Les Brown.

Accordez-vous une pause

S'il est important d'être déterminé, ne soyez pas trop dur avec vous-même au point de critiquer chacun de vos gestes. Donnez-vous le droit de faire des erreurs et soyez flexible avec vous-même. Cela ne veut pas dire que vous pouvez rater vos objectifs, mais cela signifie que si vous le faites, vous trouverez comment éviter que cela ne se reproduise et vous vous remettrez au travail.

Soyez passionné

Tombez amoureux de ce que vous réussissez. D'accord, même si cela peut paraître étrange, vous devez avoir une passion intime pour ce qui vous intéresse. Vous pouvez le faire indépendamment de votre succès. En étant passionné par ce que vous faites et ce vers quoi vous tendez, vous y consacrerez automatiquement plus d'efforts. La passion est une bonne chose tant qu'elle ne devient pas une obsession.

Ne vous contentez pas de peu

Si vous avez pour objectif de devenir un chef de renommée mondiale et que vous savez que vous avez à la fois le désir et les compétences nécessaires, ne vous contentez pas de devenir un petit cuisinier dans le restaurant familial de votre quartier. Bien que cela puisse être un bon terrain d'entraînement, ne perdez pas de vue votre objectif final.

Arrêtez de vous plaindre

Vous pourriez penser qu'il n'y a pas de corrélation entre le fait de se plaindre et le succès, alors que si. Lorsque vous passez du temps à vous plaindre des obstacles que vous rencontrez, vous perdez tellement de temps à être négatif que vous perdez en fait des chances d'avancer. Au lieu de considérer les défis comme des problèmes, voyez-les comme des opportunités.

Soyez enthousiaste à l'idée d'apprendre

Revenons à l'analogie d'Edison. Lorsqu'un jeune garçon l'interroge sur ses échecs, Edison répond : « Jeune homme, je n'ai pas échoué 9 999 fois, j'ai découvert 9 999 façons de ne pas inventer l'ampoule électrique. » Alors que vous travaillez à votre réussite spécifique, profitez toujours des occasions d'apprendre, même si cela prend plus de temps que vous ne le pensez.

Partagez votre succès

Bien que ce point se situe davantage à la fin du processus, il est important. Lorsque vous réussissez enfin, utilisez votre expérience pour enseigner, guider et encadrer les autres afin qu'ils puissent eux aussi réussir.

Cherchez à obtenir des informations

Quelle que soit l'idée que vous vous faites de la réussite, faites un « bilan de santé » tout au long du processus de réalisation de votre objectif. Faites-le avec une personne en qui vous avez confiance et qui a elle-même réussi. Demandez-lui de vous donner un avis honnête sur votre réussite et, à mesure que vous franchissez les différentes étapes, faites-lui part de vos préoccupations ou de vos nouvelles idées pour vous aider à rester sur la bonne voie.

Soyez à l'écoute

Pour réussir, vous devez d'abord apprendre à écouter. Prêtez attention à d'autres personnes qui ont eu du succès dans leur vie, assistez à des séminaires donnés par des personnes qui peuvent vous motiver et vous encourager, ou soyez ouvert à l'idée qu'une idée particulière n'est pas bonne. Une bonne écoute prend du temps à apprendre, mais au final, elle sera votre meilleur outil.

Pas d'excuses

De nombreux acteurs, artistes-musiciens, inventeurs, etc. célèbres ont dû relever des défis particuliers, allant de difficultés d'apprentissage à des handicaps physiques. Prenez Beethoven par exemple. Il est né sourd, mais il est devenu l'un des plus grands compositeurs du monde. Ou encore Joni Erickson, qui était paralysée à partir du cou, mais qui a appris à peindre avec sa bouche. Aujourd'hui, ses peintures sont célèbres dans le monde entier et valent des millions. Si vous êtes confronté à un défi particulier, vous devrez peut-être faire des ajustements de temps en temps, mais n'utilisez pas d'excuses. Si vous voulez quelque chose suffisamment fort, c'est possible !

Dépassez la peur de l'échec

Avoir peur de l'échec est une émotion normale pour chaque personne sur la planète. La façon dont vous dépassez cette peur est le facteur déterminant entre l'échec et la réussite. Vous pouvez y parvenir en vous fixant des objectifs réalistes, puis en les réexaminant à l'occasion pour procéder à tout réalignement nécessaire. Par-dessus tout, croyez en vous et au désir qui brûle en vous.

Patience et dû

Réussir prend du temps. Un objectif qui vaut la peine d'être fixé prendra du temps à être atteint. Soyez patient avec vous-même, avec les personnes qui vous entourent et avec le processus nécessaire pour réussir, que l'on appelle aussi « payer son dû ». Tout comme dans le scénario du chef cuisinier, il faut du temps pour devenir un maître cuisinier. Payez votre dû en apprenant et en gravissant les échelons de la réussite.

Soyez reconnaissant

Vous devez être reconnaissant non seulement pour vos réussites, mais aussi pour vos échecs. Il est important d'avoir une attitude reconnaissante. Elle vous aidera à rester humble, ce qui vous aidera à poursuivre vos efforts pour atteindre le succès ultime.

Tenez un journal
Lorsque vous travaillez dur pour atteindre le succès, quel que soit ce que vous considérez comme tel, vous devez être capable de voir vos réalisations. Tenez un journal et notez tout ce que vous êtes déjà parvenu à réaliser. Lorsque vous vous sentez découragé ou frustré, réfléchissez à ce que vous avez accompli et ressourcez votre esprit.

Récompenses
Lorsque les enfants font quelque chose de bien, les parents les récompensent en leur offrant quelque chose d'agréable, que ce soit un mot d'encouragement ou un nouveau jouet. Lorsque les gens réussissent dans leur travail, ils obtiennent des augmentations. Lorsque vous franchissez des étapes importantes, récompensez-vous. Offrez-vous quelque chose de beau – une nouvelle robe, une nouvelle canne à pêche, tout ce que vous voulez, mais veillez à vous récompenser pour un travail bien fait.

Tirez le meilleur parti de chaque jour
Essayez de vivre chaque jour comme si c'était le dernier. Tirez le meilleur parti de chaque jour et accomplissez quelque chose. Même s'il s'agit d'une petite chose, chaque petit pas se transforme en un grand succès au bout du compte.

Faites du processus une aventure
Vous devez considérer chaque aspect de votre voyage comme une aventure passionnante. Quand vous pensez à vos années d'enfance, vous aimiez explorer l'inconnu. Emportez cela avec vous dans votre quête du succès. Anticipez l'excitation de chaque accomplissement – faites-en une véritable aventure.

Ne négligez pas les choses
Surtout lorsque les choses sont petites et ne semblent pas avoir d'impact majeur sur le tableau d'ensemble, vous devez vous assurer de suivre et d'accomplir vos tâches. Ces petites choses peuvent rapidement devenir un gros problème si elles ne sont pas réglées en temps voulu et de manière efficace.

Bonne gestion du temps et des ressources
Réussir, c'est aussi respecter un calendrier. En outre, vous devez apprendre à déterminer ce qui est de trop. Une bonne gestion du temps et des ressources vous permettra de vous assurer que vous utilisez votre temps à bon escient et que vous n'ajoutez pas de troisième portion à une assiette qui déborde encore de la seconde.

Attitude
Vous mettre dans la bonne attitude pour réussir devrait être en tête de votre liste. Rester positif et vous entourer d'amis qui partagent une attitude positive vous aidera à réussir. Ne laissez pas les pensées négatives se glisser dans votre esprit. Assistez à des séminaires de motivation et trouvez des moyens de profiter de la vie. Une bonne attitude vous permettra de transformer toute

mauvaise situation en une expérience d'apprentissage. Vous connaissez le dicton « Le verre est soit à moitié plein, soit à moitié vide ». Vous devez adopter l'attitude selon laquelle la vie est à moitié pleine. Vous vous sentirez mieux, vous aurez plus d'énergie et vous aurez plus de chances de réussir.

Faites des éloges
Si des personnes vous aident, qu'il s'agisse de bénévoles ou d'employés à temps plein, félicitez-les toujours. Ces personnes jouent un rôle important dans votre réussite et, en les félicitant et en les soutenant, elles feront preuve de dévouement et travailleront dur pour vous aider à atteindre votre objectif.

Acceptez la responsabilité
Vous et vous seul êtes responsable de votre réussite. Même si vous aurez de l'aide dans de nombreux cas, l'essentiel est que vous soyez responsable. Vous devez être entouré des bonnes personnes, travailler avec les bons investisseurs, et vous atteler à votre réussite de la bonne manière. C'est vous qui ferez les choix et, par conséquent, c'est votre responsabilité de faire les bons. En d'autres termes, votre désir de réussite doit toujours être plus grand que tout obstacle qui se dresse sur votre chemin.

Soyez ouvert à l'amélioration
Parfois, les gens prennent l'habitude de penser qu'ils ont toutes les réponses nécessaires. Vous devez accepter que vous n'avez pas toutes les réponses et, surtout, être ouvert aux recommandations des autres. Cela ne signifie pas que vous devez accepter ou même suivre ces suggestions, mais cela signifie que vous devez écouter. On ne sait jamais quand quelqu'un aura une

idée qui rendra les choses plus faciles et plus fonctionnelles, ce qui vous aidera finalement à atteindre votre objectif plus efficacement.

Participez
Si vous assistez à des séminaires ou à des conférences qui vous aideront à progresser, participez, si vous en avez l'occasion, en posant des questions ou en faisant des remarques pertinentes. La participation est un excellent moyen de se souvenir de ce qui est enseigné.

Soyez sérieux
Prenez vos efforts pour réussir au sérieux. Le succès est une chose sérieuse qui demande un sérieux dévouement. Vous devez avoir à l'esprit que tout ne sera pas qu'un jeu, du moins pas au début.

Ne prenez pas de décisions rapides
Lorsque des éléments de votre plan doivent être modifiés, ne prenez pas de décisions rapides, à moins que cela ne soit nécessaire. Tout comme il a fallu du temps pour planifier au début, il faudra du temps pour changer. Vous voulez vous assurer que vous prenez les bonnes décisions lorsque des changements surviennent. Faites vos recherches, comme vous l'avez fait au début, puis faites des choix éclairés.

Évitez le stress
Lorsque vous vous efforcez de réussir, le stress fait naturellement partie du processus. Faites tout ce que vous pouvez pour éviter le stress. Si vous ajoutez un stress inutile à l'équation, vous ne

pourrez plus vous concentrer sur la réalisation de vos objectifs. Vous pouvez écouter des cassettes de relaxation, vous faire masser par un professionnel, faire une promenade, ou tout ce qui vous aide à vous détendre. Lorsque vous commencez à vous sentir dépassé, arrêtez-vous, changez de direction et évitez le stress. La seule chose que le stress accomplit est de drainer votre puissance de réflexion et votre créativité.

Soyez logique
D'accord, vous pensez peut-être que la logique en soi est logique. Cependant, dans de nombreux cas, être logique signifie avoir un certain niveau de capacité d'analyse. Quelle que soit votre façon de penser, trouvez-en la logique. Cela vous aidera à penser et à planifier clairement et honnêtement.

Donnez-vous à 100 %
Si vous voulez réussir, vous devez être capable de traverser des périodes difficiles. Vous devrez relever les défis et ne pas abandonner. Vous devez prévoir de fournir un effort supplémentaire et de faire des sacrifices personnels. Réussir, c'est se donner à fond. Restez concentré tout en maintenant vos performances à un niveau constant.

Comprenez votre objectif
Un grand défi consiste à vous prouver à vous-même que vous pouvez le relever. L'une des façons de vous le prouver est de prendre des responsabilités. Si votre objectif de réussite implique l'ouverture d'un restaurant, travaillez dans un restaurant en tant que serveur pour avoir une idée de toutes les tâches nécessaires

à la réussite du restaurant. Comprenez l'ensemble de l'activité depuis le début.

Appréciez la vie

Ne brûlez pas les ponts dans la vie. Appréciez la vie, les gens, tout ce qui vous entoure. Apprenez tout ce que vous pouvez de chaque personne que vous rencontrez. Ne repoussez pas les gens simplement parce que vous n'êtes pas d'accord avec eux. On ne sait jamais, les personnes que vous rejetez sont peut-être celles qui viendraient à votre secours dans un moment difficile.

Just Do It

D'accord, c'est Nike qui a inventé cette phrase, mais elle est tellement juste. Arrêtez de remettre les choses à plus tard et faites-le. Si vous le voulez vraiment, faites-le !

Si vous aimez une chose, laissez-la partir

Définissez ce que vous voulez, fixez votre intention et donnez-la à l'univers.

Alors, comment communiquer vos désirs à l'univers et pourquoi le faire ? POURQUOI ? Parce qu'à moins d'être un adolescent, vous ne savez pas tout. Pardon, mais c'est ainsi. Disons que vous voulez cette nouvelle Mercedes dont nous avons parlé dans la Clé 2. Savez-vous comment vous allez l'obtenir ? Vous pourriez la gagner. Vous pourriez l'acheter. Le nouvel amour de votre vie (que vous allez rencontrer le mois prochain) pourrait vous en faire cadeau. Ou quelque chose d'autre de miraculeux pourrait se produire. Vous n'en savez rien. Vous avez votre toute petite perspective limitée. Vous ne pouvez pas voir ou connaître toutes les merveilleuses façons dont l'univers peut vous livrer vos rêves. Vous ne le pouvez tout simplement pas. Alors, n'en faites pas un plat. Laissez-le aller, ce rêve, et laissez Dieu vous le donner.

UN ÉTAT D'ESPRIT POSITIF EST LA CLÉ DU SUCCÈS

Il y a un vieux dicton... « un esprit est une chose terrible à gaspiller ». Et cela étant dit, un état d'esprit négatif est tout aussi mauvais. Beaucoup de gens pensent qu'à notre époque, il est impossible d'avoir un état d'esprit positif. La façon dont nous nous percevons et même les défis que nous devons relever dans la vie déterminent le résultat ou le temps que nous choisissons d'y accorder. La mauvaise nouvelle est que... un état d'esprit négatif peut détruire votre vie. La bonne nouvelle est que... il existe des astuces pour développer un état d'esprit plus positif.

Un état d'esprit positif, c'est comme avoir de l'air frais à respirer. Il fait en sorte que votre corps soit en bonne santé. Avoir un état d'esprit positif n'est pas seulement pour un jour, mais pour toute la vie. Il y a beaucoup de choses que vous pouvez faire pour éviter d'être négatif et de vivre avec un état d'esprit qui crée même un environnement destructeur. Lire des livres positifs, optimistes et même humoristiques est une façon d'avoir un état d'esprit plus positif. Il s'agit de quelque chose qui concerne ce sur quoi nous posons les yeux toute la journée et que nous consommons comme de la nourriture dans le ventre. Ce que vous lisez tout au long de la journée devient la façon dont vous allez penser tout au long de la journée. Si vous lisez des livres qui ne sont pas négatifs, ou qui ne vous remplissent pas de peur, cela commencera à se manifester dans votre vie mentale. Un proverbe dit : « L'homme est ce qu'il pense dans son cœur ». Ainsi, la lecture de matériel qui continue à être d'un bénéfice positif sur une certaine période peut changer votre processus de pensée et vous allez penser et parler ce que vous lisez ! Êtes-vous en train de dire « Mais, je n'aime pas lire » ? Eh bien, cela nous amène au prochain conseil que vous pouvez suivre pour vous aider à penser de manière plus positive... Votre « environnement ».

Les croyances limitatives sont un schéma qu'il faut briser, car elles encouragent les pensées négatives à se perpétuer dans nos vies. La meilleure façon de sortir de ce cycle est de développer un état d'esprit positif. La vie elle-même est un processus d'apprentissage permanent et il est important de s'assurer que nous nous fixons comme objectif d'ignorer le négatif et de nourrir les pensées positives. Il faut s'y exercer quotidiennement jusqu'à ce que ces pensées deviennent une partie instinctive et naturelle de notre vie.

Le développement d'un état d'esprit positif a des effets bénéfiques sur l'ensemble du corps, car le fait de surmonter les croyances limitatives permet d'être en bonne santé. Malgré les défis difficiles qui se présentent dans la vie, il nous encourage et nous motive à les affronter de face. Cela est évident lorsque nous regardons un film dont le thème et l'intrigue sont optimistes, ou lorsque nous lisons un livre aux idées positives. Malgré nos propres défis, nous sommes remplis de bonnes pensées qui nous inspirent.

Nous absorbons les bonnes vibrations transmises lorsque nous nous trouvons parmi des personnes optimistes ou inspirées. Nous sommes encouragés et commençons à avoir des pensées positives lorsque nous nous trouvons dans un environnement naturel et que nous vivons des scènes magnifiques et relaxantes. Les autres personnes qui nous entourent peuvent également sentir ou ressentir les vibrations ou la transmission de ce sentiment de notre part, en particulier celles qui n'étaient pas avec nous pour voir ces scènes par elles-mêmes.

Cet effet positif est extrêmement puissant, car nous gagnons naturellement en influence et en respect auprès des autres. Il nous pousse également à réussir dans notre propre vie.

Ceux qui n'ont pas encore appris à identifier et, surtout, à surmonter leurs croyances limitantes vivent leur vie dans un état constant de misère. Ils attribuent leur malheur à des facteurs externes et à d'autres personnes qu'ils perçoivent comme responsables de leur situation malheureuse actuelle. Ils refusent d'accepter que leur situation est de leur propre fait, car ils se sabotent inconsciemment en construisant leurs propres barrières internes, ce qui les empêche de mener le genre de vie qu'ils veulent ou qu'ils pensent mériter. Sans développer un état d'esprit positif, il leur semble beaucoup plus naturel de rejeter la faute sur les autres.

Sans vouloir provoquer de débat ou de controverse, les manifestations psychologiques et physiques de l'état d'esprit négatif par rapport à l'état d'esprit positif pourraient également affecter la pensée d'un individu dans un sens politique et le faire pencher à gauche ou à droite du spectre politique.

Il est naturel pour nous tous de vouloir vivre bien et de profiter pleinement de notre vie. L'aspiration est naturelle et c'est la raison même pour laquelle nous devrions tous fournir un effort conscient pour écouter et agir en fonction des idées des personnes optimistes. Toutefois, n'interprétez pas cela comme un moyen d'éviter de faire face aux réalités négatives de la vie, bien au contraire. Un état d'esprit positif nous arme des capacités dont nous avons besoin pour faire face à toutes les choses négatives qui peuvent nous tomber dessus. Nous devenons inconsciemment résolus dans notre refus d'être influencés par des pensées négatives ou des croyances limitatives et nous sommes habilités à faire face à chaque problème sans détour.

Pour développer un état d'esprit positif, il est utile d'énoncer quotidiennement des affirmations positives ou des mantras. Cela peut se faire de manière orale ou écrite. Commencez également à tenir un journal ou un agenda des expériences positives et veillez à le garder à jour. Nos capacités d'optimisme seront renforcées en dépit de toute situation négative ou pessimiste que nous pouvons rencontrer de temps à autre. Le journal sera une preuve et un encouragement pour nous de voir qu'il y a plus de jours positifs que de jours négatifs. Les croyances limitatives de toutes sortes sont dépassées et nous sommes plus à même de reconnaître et de saisir les bonnes occasions lorsqu'elles se présentent. Par conséquent, nous avons tendance à nous épanouir davantage chaque jour en récoltant les fruits de notre réussite.

L'IMPORTANCE D'UN ÉTAT D'ESPRIT POSITIF

Dans ce monde turbulent, stressant et constamment en mouvement dans lequel nous vivons aujourd'hui, nous sommes confrontés à de nombreux défis et critiques dans notre vie quotidienne. Que ce soit au travail, à l'école, à la maison ou ailleurs, nous sommes sans cesse sous pression et soumis aux reproches de pratiquement tout le monde.

Cela est devenu encore plus vrai avec le pouvoir des médias sociaux et des critiques en ligne. Pratiquement partout où vous allez en ligne ou sur toutes les chaînes d'information, vous entendez des critiques, des avis et des commentaires sur les performances ou les actions de quelqu'un, que ce soit dans le domaine de la politique, du sport, du divertissement ou de la vie quotidienne. La plupart du temps, ces critiques et commentaires sont négatifs.

Avec toute cette négativité que nous entendons dans nos vies personnelles et professionnelles, ainsi que ce que nous entendons à la télévision et sur Internet, il est difficile de maintenir un état d'esprit positif. Cela peut nous conduire à être déprimés et moins productifs dans nos vies professionnelles et personnelles. C'est pourquoi il est essentiel de conserver un état d'esprit positif.

Un état d'esprit positif consiste à considérer les choses comme « à moitié pleines plutôt qu'à moitié vides ». Ce vieux dicton implique deux personnes qui regardent un verre à moitié rempli d'eau. L'une des personnes dira que le verre est « à moitié vide », en remarquant que la moitié du liquide a disparu du verre. L'autre personne dira que le verre est « à moitié plein », en remarquant que le verre contient beaucoup de liquide.

De même, les personnes « à moitié vides » ont généralement un état d'esprit négatif, elles cherchent ce qui manque dans leur vie, ce qui va mal, et donnent une tournure négative à pratiquement tout ce qu'elles rencontrent. Elles se concentrent toujours sur ce qu'elles auraient pu avoir, même lorsqu'elles gagnent ou acquièrent quelque chose. Par exemple, si elles obtiennent cinq numéros sur six à la loterie et gagnent 100 000 € au lieu de 10 millions d'euros, elles se lamenteront d'avoir manqué le sixième numéro et de ne pas avoir gagné 10 millions d'euros, même si elles viennent de gagner 100 000 € qu'elles n'avaient pas.

À l'inverse, les personnes « à moitié pleines » ont généralement un état d'esprit positif, elles considèrent ce qu'elles ont dans leur vie. Cela inclut les cadeaux ou les avantages qu'elles ont reçus au cours de leur journée et de leur vie, et elles donnent une tournure positive à pratiquement tout ce qu'elles rencontrent.

Elles se concentrent toujours sur le positif, même en présence d'un élément négatif. Par exemple, en reprenant notre exemple précédent, si cette personne avait tiré cinq numéros sur six à la loterie et gagné 100 000 € au lieu de 10 millions, elle se concentrerait sur la grosse somme d'argent qu'elle a gagnée plutôt que sur ce qu'elle n'a pas gagné.

Elle serait heureuse de la somme qu'elle a gagnée et finirait par accepter qu'elle n'a jamais été en possession des 10 millions d'euros parce qu'elle n'a jamais eu le sixième numéro sur son billet, même si elle n'était qu'à un numéro du numéro gagnant.

Avoir un tel état d'esprit positif peut être une force puissante dans un monde qui continue à se concentrer largement sur le négatif. Vous le voyez constamment dans les bulletins d'information, les colonnes des journaux et les commentaires en ligne.

Le fait de voir et d'entendre la négativité constante autour de vous peut vous déprimer, vous rendre moins heureux de votre propre vie et de vos réalisations, et rendre vos propres problèmes et défis plus importants qu'ils ne le sont en réalité si vous vous laissez aller à cet état d'esprit négatif.

Il est toujours important de garder un état d'esprit positif aussi fort que possible. Vous réaliserez ainsi que toutes les bonnes choses de votre vie valent la peine d'être chéries et que toutes les choses négatives de votre vie ne sont pas aussi terribles qu'elles peuvent le paraître. Vous saurez que ces choses peuvent être surmontées avec un état d'esprit positif, un peu de créativité et en agissant.

POURQUOI AVOIR UN ÉTAT D'ESPRIT POSITIF EST IMPORTANT POUR ATTEINDRE VOS OBJECTIFS

Notre état d'esprit est un facteur déterminant dans ce que nous faisons de notre vie. Il influence notre prise de décision, et plus important encore, la façon dont nous réagissons à certaines choses et dont nous atteignons nos objectifs et nos rêves. Les gens ont des états d'esprit différents et si vous voulez réussir dans votre vie, vous devez développer un état d'esprit positif, afin d'être en mesure d'atteindre vos rêves.

Dans tout ce que vous faites, que vous soyez un employé, un entrepreneur ou un spécialiste du marketing en ligne, vous devez avoir l'état d'esprit approprié pour réussir. Dans n'importe quel domaine, vous devez avoir suffisamment confiance en vous. Vous devez être convaincu que vos compétences et vos talents sont plus que suffisants pour vous aider à atteindre vos objectifs. C'est l'essence même de la pensée positive ; vous devez croire que la chose que vous désirez ardemment va se produire. Cela signifie que chaque centimètre de votre corps sera destiné à prendre les mesures nécessaires pour que cela se produise.

L'un des obstacles que vous devez surmonter pour réussir dans votre vie est tout simplement le contraire de la pensée positive. Un état d'esprit négatif découragera vos systèmes corporels de prendre les mesures nécessaires pour atteindre vos objectifs. La raison en est que les pensées négatives vous font hésiter, et à la seconde où vous y cédez, vous serez découragé de prendre des mesures pour atteindre vos objectifs, puisque vous pensez déjà qu'ils ne sont pas réalisables.

Un état d'esprit négatif est également à l'origine de la perte de cette importante motivation dont vous avez besoin. La motivation est très importante pour que nous soyons cohérents dans tout ce que nous faisons. Sans le bon niveau de motivation, vous ne serez pas en mesure de suivre les étapes que vous avez prévues pour atteindre vos objectifs. En outre, vous risquez de devenir trop détendu et d'avoir tendance à remettre au lendemain les choses que vous pouvez faire aujourd'hui. Avec ce genre d'attitude, si vous êtes impliqué dans un secteur commercial, vos concurrents seront heureux de vous voir vous détendre, car cela leur donnera la chance de vous devancer.

Pour vous détourner des pensées négatives, vous devez avoir la foi. La foi, associée aux bonnes actions, vous mènera vers le succès. Avec un état d'esprit positif, vous serez bientôt en mesure d'élaborer un plan pour atteindre vos objectifs. Ce plan contiendra les étapes que vous devez suivre pour y parvenir. Avec cela, ce n'est qu'une question de temps pour que vos rêves se manifestent.

CONSEILS POUR DÉVELOPPER UN ÉTAT D'ESPRIT POSITIF

Comment bloquer la négativité et adopter un état d'esprit positif ? Facile, en suivant les étapes suivantes.

Vivez votre vie avec passion

Ne vous contentez pas de faire ce que vous faites chaque jour, appréciez ce que vous faites. Soyez enthousiaste à propos de ce que vous faites au quotidien et si vous n'êtes pas satisfait, commencez à changer les choses dès aujourd'hui ! Vous pouvez soit changer ce que vous faites, soit changer la façon dont vous y pensez.

Soyez reconnaissant

Avez-vous réfléchi à toutes ces choses que vous avez dans votre vie, sans les considérer comme acquises ? Bien sûr, la vie peut régulièrement vous lancer des défis, mais en étant reconnaissant pour ce que vous avez, vous pouvez faire face à tous les défis plus facilement. La pensée positive attire des résultats positifs, tandis que le fait de devenir nécessiteux ou désespéré attire des résultats négatifs dans votre vie.

Aimez-vous

L'une des plus grandes qualités que l'on puisse acquérir dans le cadre d'un état d'esprit positif est celle de s'aimer soi-même. Lorsque les gens parlent d'amour, ils pensent le plus souvent à l'amour romantique. Si l'amour romantique a sa place dans l'établissement d'un état d'esprit positif, l'amour ne se résume pas à la romance.

Dans ce cas, l'amour dont nous parlons est un amour pour les petites choses. Lorsque vous pouvez trouver de l'amour dans les petites choses de votre journée, vous finirez par avoir une journée facile. À l'inverse, si vous détestez tout ce qui se passe dans la journée, cette dernière paraîtra bien longue.

Plus que d'aimer votre environnement, vous devez vous aimer vous-même. Lorsque vous vous aimez, vous investissez pour vous rendre heureux. Il est vrai qu'il y a des choses qui vont essayer de perturber votre journée, mais si vous vous aimez, vous passerez outre la plupart de ces choses.

Lisez des textes inspirants

C'est amusant de voir comment nos esprits fonctionnent, car lorsque vous lisez le titre « Lisez des textes inspirants », je m'attends à ce que vous vous disiez « Quoi ? ». Mais imaginez que vous recherchiez un produit ou un service en ligne et que vous tombiez sur de mauvaises critiques, cela vous donnerait immédiatement un état d'esprit négatif à l'égard dudit produit ou service. Mais cela peut aussi fonctionner dans l'autre sens, de manière positive. Je ne dis pas qu'il faut chercher des critiques positives sur ce que vous cherchez à faire, non. Au lieu de ça, pour adopter un état d'esprit positif et croire que vous pouvez changer votre vie et réussir, vous devriez lire des textes qui racontent l'histoire de la réussite de quelqu'un d'autre. Des autobiographies d'entrepreneurs à succès et leurs parcours, des histoires de gens qui sont passés de la pauvreté à la richesse, le démarrage et la croissance d'entreprises et de marques. Des histoires de personnes qui ont changé leur vie pour un mieux. Lisez des livres qui vous instruiront sur votre créneau ou votre secteur. Cela vous aidera à remplir votre esprit chaque jour de pensées positives.

Soyez proactif
En agissant de manière proactive, vous assumez la responsabilité de vos actes, ce qui vous permet de vous sentir mieux dans votre peau.

Laissez les situations se dérouler d'elles-mêmes
Tout le monde veut avoir le contrôle jusqu'à un certain point. Certains veulent tout contrôler, tandis que d'autres se contentent de ce qui existe. Ce que vous devez comprendre, c'est que vous ne pouvez pas contrôler toutes les situations. Ce que vous devez faire à la place, c'est permettre aux situations de suivre naturellement leur cours.

Vous ne pouvez pas contrôler la météo, mais vous pouvez contrôler la façon dont vous y réagissez. Lorsque le soleil est trop chaud, vous devez vous habiller de manière appropriée et apprécier le temps. Lorsqu'un collègue obtient une promotion que vous convoitez, ne soyez pas jaloux et envieux. Souhaitez-lui plutôt bonne chance et attendez votre tour.

Toutefois, vous devez garder le contrôle dans une certaine mesure. Par exemple, ne refusez pas de mettre une alarme et attendez que l'univers vous réveille. Il est impératif de connaître l'équilibre entre le contrôle et le lâcher-prise.

Attention à votre langage

Oui, votre langage détermine beaucoup de choses lorsque vous essayez de cultiver un état d'esprit vivant. Soit ce que vous dites est largement influencé par ce que vous ressentez, soit il va influencer ce que vous ressentez. Considérez cette phrase : « Cette journée est un désastre total, je me suis réveillé tard, je suis en retard au travail et personne n'apprécie jamais mes efforts ». Cette phrase est très négative, la personne qui la prononce a déjà conclu que la journée en question était mauvaise, et elle est donc plus susceptible de se concentrer sur chaque chose qui ne va pas aller dans son sens.

Maintenant, considérez cette phrase : « Aujourd'hui est une bonne journée, je me suis réveillé tard, mais je suis content de m'être réveillé. J'ai peut-être été en retard au travail, mais j'ai de la chance d'avoir un travail où aller, et de ne pas avoir été renvoyé. Les gens autour de moi n'apprécient peut-être pas mes efforts, mais je continuerai à travailler du mieux que je peux, parce que c'est mon travail ». Cette personne vient de passer plus ou moins la même journée que la personne ci-dessus, mais elle a décidé de se concentrer sur les aspects positifs de sa journée plutôt que sur les aspects négatifs.

Si vous entrez dans un bureau et trouvez les deux personnes ci-dessus en train de travailler, il est très facile de différencier la première personne de la seconde. Lorsque vous parlez positivement de votre journée, vous finissez par apprécier les petites choses et par trouver l'une ou l'autre raison de vous propulser dans la journée.

Entourez-vous de personnes positives, qui ont réussi et qui partagent vos idées

Cela peut sembler ridicule, mais comme je l'ai déjà mentionné, lorsque vous recevez des commentaires négatifs de la part des gens, cela peut vous faire douter de vous-même ou des opportunités qui s'offrent à vous. Lorsque vous êtes en mesure de vous connecter et de communiquer avec des personnes qui réussissent déjà et qui vous encouragent dans votre décision, vous vous sentez immédiatement rassuré et commencez à penser positivement. Si les gens partagent vos pensées et vos opinions et que vous ne recevez pas de critiques, c'est excellent pour votre état d'esprit. Il est important d'être entouré de personnes qui vous soutiennent et vous aident et qui ont elles-mêmes un état d'esprit positif.

Responsabilité à 100 %

Si vous avez tendance à blâmer les autres pour ce qui se passe dans votre vie, vous devez arrêter de le faire maintenant. Si vous voulez avoir le contrôle sur ce qui se passe dans votre vie, vous devez en prendre la responsabilité. Une fois que vous aurez compris et accepté la responsabilité, vous passerez du stade où vous subissez la vie à celui où vous la vivez vraiment. C'est la différence entre être une victime et être un gagnant !

Ayez un exutoire émotionnel

Les êtres humains sont par nature des êtres émotionnels. La différence est que certaines personnes sont plus aptes à montrer leurs émotions, et d'autres plus aptes à les cacher. Néanmoins, nous sommes tous des êtres émotionnels. Une fois que vous avez compris vos émotions, et que vous avez également compris que certaines échappent à votre contrôle, vous devez trouver un moyen de libérer vos émotions négatives.

Disons, par exemple, que vous avez eu une semaine difficile. Au lieu de hurler tout ce que vous ressentez et de le ranger dans votre armoire à idées, vous devriez chercher un moyen de le libérer. Les gens ont différents exutoires pour leurs émotions ; parmi les plus populaires, citons la boxe, la natation, la course à pied, etc. Lorsque vous voulez évacuer des émotions blessantes ou négatives, cherchez une activité vers laquelle vous pouvez conduire toutes ces émotions.

Si vous laissez les émotions négatives bouillonner en vous, vous finirez par avoir un état d'esprit négatif. De plus, il est malsain de s'accrocher à des choses qui peuvent potentiellement vous nuire. Dans certains cas, les personnes qui s'accrochent à des pensées négatives finissent par être déprimées, voire pire.

Faites une pause

Presque toutes les personnes ont des routines qui définissent leurs journées. Pour la plupart des gens, ils se réveillent, vont au travail, poursuivent leur travail, sortent du travail, prennent un repas, dorment et répètent ce schéma. Lorsque vous tombez dans une telle routine, il peut être ennuyeux, dangereux et presque impossible d'avoir un état d'esprit positif.

Pour créer un état d'esprit positif, vous devez, de temps en temps, faire une pause dans votre routine monotone. Vous pouvez faire quelque chose de spontané qui vous redonnera de l'énergie et vous aidera à revenir sur la bonne voie.

Lorsque vous faites une pause, vous n'avez pas besoin de faire quelque chose d'extravagant, vous pouvez faire quelque chose d'aussi simple qu'aller au cinéma, écouter de la musique, regarder le coucher de soleil, ou même simplement vous détendre à la maison. Peu importe ce qui vous donne envie de sortir de votre routine, foncez. Tant que cela n'enfreint pas la loi.

Passez à l'action !

Il s'agit sans aucun doute de l'étape la plus importante : passer à l'action. Si vous pouvez faire ce que je vous ai conseillé à l'étape 1 et à l'étape 2, alors vous aurez atteint un état d'esprit positif et vous devriez maintenant penser que cela va arriver, que cela va marcher et que vous allez réussir. C'est génial, mais cela n'aboutira jamais à rien sans ACTIONS ! La partie la plus difficile est de faire le premier pas, mais je vous promets que lorsque vous le ferez, vous vous sentirez très bien, car vous croirez en vous et serez destiné à réussir. Vous serez entouré de personnes partageant les mêmes idées que vous pour vous encourager et vous rêverez d'être comme cet entrepreneur dont vous venez de lire l'histoire, en vous disant : « Il peut le faire, alors moi aussi ! »

Vivez l'instant présent

Beaucoup de gens ont tendance à vivre dans le passé ou dans un avenir qui n'est pas encore fixé. Si vous vivez dans le passé, vous fatiguerez les gens avec des histoires d'antan, en souhaitant qu'elles puissent être prolongées au présent. D'un autre côté, si vous vivez dans le futur, vous finirez par sous-utiliser votre temps, en pensant à ce que les choses pourraient être, ou à ce qu'elles seront.

L'une des meilleures façons de développer un état d'esprit positif est de vivre ici et maintenant. Ainsi, vous serez en mesure d'optimiser les opportunités qui se présentent. De plus, lorsque vous vivez dans le présent, vous êtes en mesure d'adapter vos relations et de les développer.

Cependant, il est important de comprendre que le passé et l'avenir ont tous deux leur place dans le présent. Le passé vous rappelle les choses que vous avez apprises et les victoires que vous avez eues. L'avenir, lui aussi, est pertinent. Il vous permet de garder le cap sur les différentes choses que vous aimeriez accomplir.

Récompensez-vous

L'une des choses les plus difficiles à faire est de se récompenser soi-même. Souvent, les gens reconnaissent le bien chez les autres, mais pas chez eux. Si vous voulez être un penseur positif, vous devez d'abord trouver le bien en vous et vous récompenser.

Se récompenser peut être interprété de plusieurs façons. Après une longue semaine, vous pouvez vous récompenser en prenant le week-end pour vous détendre. Vous pouvez même faire quelque chose d'aussi simple que d'acheter une glace ou de passer du temps avec des amis.

Souriez

C'est sans doute l'une des mesures les plus simples pour garder un esprit positif. Un sourire peut grandement contribuer à cultiver la positivité dans votre vie quotidienne. Lorsque vous souriez, non seulement vous faites travailler les muscles de votre visage, mais vous êtes également plus réceptif et plus accessible.

Un sourire indique à quelqu'un qu'il est facile de parler et de s'entendre avec lui, et il se peut même que les personnes qui étaient droites et rigides avec vous commencent à être un peu plus ouvertes. Un sourire est un outil simple, mais néanmoins puissant.

SECRETS D'UN ÉTAT D'ESPRIT DE GAGNANT

Réussir dans la vie demande beaucoup de courage, car il n'y a presque rien dans ce monde qui soit 100 % sans risque. Gagner ou perdre vient de l'esprit, c'est pourquoi un état d'esprit gagnant est crucial pour atteindre les objectifs fixés, quels que soient les difficultés ou les défis rencontrés. Peu importe la taille de vos objectifs ou la hauteur de vos rêves, vous ne pouvez pas faire grand-chose sans un état d'esprit de gagnant, qui est la force qui génère la puissance et l'enthousiasme qui vous anime. Lorsque vous voyez des personnes qui réussissent, vous constatez qu'elles ont non seulement une attitude gagnante, mais aussi un état d'esprit de gagnant. Abandonner ne fait pas partie des traits de caractère des gagnants et aller jusqu'au bout n'est jamais l'habitude des perdants. Pour atteindre le sommet de la réussite, vous devez avoir un état d'esprit de gagnant qui résulte d'une pensée et d'une perspective positives des problèmes.

CONSEILS POUR AVOIR UN ÉTAT D'ESPRIT DE GAGNANT

Vous voyez des personnes qui réussissent et vous souhaitez suivre leurs traces ?

Vous cherchez des moyens de développer un état d'esprit positif ? Vous voulez nourrir votre esprit d'une attitude gagnante ? Voici des conseils pour vous aider à avoir un état d'esprit de gagnant.

Ayez la conviction que c'est possible

Il existe un lien étroit entre ce que vous croyez et le résultat de vos efforts. La meilleure façon de commencer à créer un état d'esprit de gagnant est d'avoir une croyance positive et d'être accroché à cette pensée. En ayant un état d'esprit « c'est possible », vous placez votre esprit au-dessus de toutes les limitations et de tous les obstacles sur la voie de la réalisation de vos objectifs. Lorsque cette pensée s'insinue dans votre subconscient, il vous sera facile de voir la possibilité que les choses se passent comme vous le souhaitez.

Ne ménagez pas vos efforts/Ne songez jamais à abandonner

Pour avoir un état d'esprit de gagnant, soyez prêt à tout faire et à ne rien laisser au hasard. Ne ménagez pas vos efforts et soyez prêt à voir vos objectifs atteints, quels que soient le temps de travail ou la douleur que vous devez endurer. Vous ne devez pas penser à abandonner – c'est l'habitude des perdants.

Dites-vous votre propre résultat anticipé

Il existe une force puissante derrière la confession positive. Chaque fois, dites-vous le résultat que vous attendez. Laissez cette pensée positive envahir votre tête, puis votre cœur ; laissez-la prendre le contrôle de votre esprit et enfin pénétrer dans votre subconscient. Cela vous donnera de l'énergie positive et un état d'esprit de gagnant qui vous poussera au-delà de vos limites pour réaliser votre rêve ou vos objectifs.

Fixez des objectifs et ayez un plan détaillé

N'oubliez pas que toute réussite a une chance égale d'échouer. Par conséquent, ne tentez rien sans vous fixer un objectif et sans créer un plan détaillé pour atteindre votre objectif. Identifiez les facteurs susceptibles de provoquer votre échec, bouchez toutes les brèches nécessaires et tirez parti des facteurs qui peuvent mener vos objectifs au succès. Soyez méticuleux dans votre planification.

CONCLUSION

Résumé

Nous devrons peut-être passer un peu plus de temps à comprendre pourquoi la croyance qui nous dit que les choses doivent changer plus rapidement est toujours fausse. Cette croyance est erronée non seulement parce qu'elle vous fait vous sentir mal, mais aussi parce qu'elle empêche votre fonctionnement sain au plus haut niveau. Elle est erronée parce qu'elle vous empêche de voir ce qui se passe réellement en ce moment, y compris l'occasion qui vous est offerte de tirer le meilleur parti de ce qui se passe.

Lorsque vous ressentez de l'impatience, vous regardez des idées et des images effrayantes dans votre esprit au lieu de voir ce qui se passe réellement dans le moment présent. Vous imaginez ce que vous ne voulez pas qu'il arrive, et cela dirige le pouvoir créatif de votre imagination pour qu'elle travaille à la réalisation de ce que vous ne voulez pas. Vous provoquez ce à quoi vous pensez.

Vos pensées et vos sentiments ont un impact sur votre corps. Beaucoup d'entre nous vont chez le médecin pour prendre des médicaments alors que nous négligeons l'impact destructeur de notre nervosité sur notre condition physique. Prenez conscience de ce que ressent votre corps en ce moment. Essayez de vous détendre un peu et voyez si vous pouvez intentionnellement ressentir un sentiment légèrement plus harmonieux, tranquille, positif ou une relaxation qui circule dans votre corps. Imaginez votre corps comme une guitare, vibrant harmonieusement tandis qu'une belle musique est jouée sur ses cordes. Le fait d'être en relation consciente avec votre corps au moment présent contribue à le garder en bonne santé et dynamique, et un corps sain et dynamique vous aide à fonctionner plus efficacement.

La patience vous permet de vivre, de fonctionner, d'avoir des relations plus fructueuses et plus joyeuses. La patience vous libère de la fausse croyance selon laquelle vous devez en faire plus que vous ne pouvez en ce moment, ou faire les choses plus rapidement que vous ne le pouvez.

Pour rendre la sagesse de la patience aussi claire que possible, faisons la distinction entre l'impatience et la promptitude. Parfois, nous devons agir rapidement pour profiter d'une opportunité soudaine ou pour éviter un danger soudain. Cependant, trop souvent, nous vivons dans un mode précipité et impatient sans raison valable. Un élan de rapidité occasionnel s'avère utile, mais s'il est maintenu de manière habituelle sur une longue période, il devient de plus en plus contre-productif et destructeur.

L'impatience est un état intérieur, émotionnel, de nervosité à ne pas confondre avec un sprint enthousiaste. L'impatience comprend des sentiments d'agacement, d'insatisfaction, de ressentiment, de frustration et de peur. Ce sont ses poisons malsains.

L'impatience aspire la qualité de la vie. Elle transforme le moment présent en un conflit, régi par la peur. Vous ne voulez pas vous sentir impatient, mais sous l'influence aveuglante de l'impatience, vous pensez que la seule façon de sortir de votre douleur est d'accélérer les choses. Mais l'impatience ralentit les choses. Elle ralentit les gens. Elle augmente la distance entre vous et le bonheur, entre l'endroit où vous êtes et celui où vous voulez être.